HENRY ERIC HERNÁNDEZ

LA REVANCHA | REVENGE
Henry Eric Hernández

ISBN 978-0-9763009-1-5
©2006 Perceval Press

Perceval Press
1223 Wilshire Blvd., Suite F
Santa Monica, CA 90403
www.percevalpress.com

Editors: Kevin Power & Viggo Mortensen
Associate Editor: Walter Mortensen
Design: Michele Perez
English Copy Editor: Sherri Schottlaender
Spanish Copy Editor: Elena González
Translation: Elena González & Jeff Wilson

Printed in Spain at Jomagar, S/A

CHA *Revenge*

HENRY ERIC HERNÁNDEZ

PERCEVAL PRESS

CINCO HISTORIAS EN LA HISTORIA KEVIN POWER

*El presente es un compuesto de muchos elementos:
Del borroso pasado reciente, del lejano y nítido pasado,
y del momento inmediato.*
—Paul Metcalf, *Genoa*

Toda historia, incluso aquella que proclama su objetividad, es un relato ideológico: un relato narrado desde una perspectiva particular.

El sentido amplio que Henry Eric tiene de la historia está cimentado en los detalles particulares de su vida y de su obra. Sus metáforas principales son quizás "reparación" y "recuperación": una reparación de las injusticias que la historia oficial siempre comete con los personajes pequeños que la viven y contribuyen a hacerla. Su texto (el siguiente en este libro) no es, por supuesto, una historia "oficial" sino una narración que se mueve hacia atrás para regresar y unirse a ella. Es una historia contada, silenciada y vuelta a contar de una forma voluble, tal vez no por capricho, sino como un registro íntimo de lo que le importa, de aquello que ha llegado a conocer gracias a su trabajo intelectual y emocional. Es un relato que *necesita* apasionadamente saber, y como tal, está lleno de la energía y la emoción que produce el deseo de conocer y corregir, dignificar y modificar aunque sea un mínimo su curso. No se trata de cambios grandiosos, sino de pequeñas correcciones a escala humana, detalles que reflejan una preocupación elocuente por las vidas de los otros. Desde ella ha construido su propio campo del saber, su biblioteca de hechos y textos que le han resultado esenciales en momentos clave de su vida.

Este libro, que empieza en 1788 con una floreciente economía cubana y que acaba en 1964 con la muerte de una chica de diecinueve años, podría haber continuado. El texto de Eric no es un relato científico: deliberadamente tergiversa y oscurece para garantizar la "claridad" de la versión que pretende sostener. El libro termina con lo que podríamos llamar una contradicción emblemática, una señalación angustiosa hecha en clave menor de uno de los desastres que con frecuencia acompañan al triunfo. Es una historia sencilla, una historia característica de la Revolución cubana. 1963 fue el año en que el nombre de una miliciana, Conchita Mas Mederos, pasó al Círculo Infantil en reconocimiento de su incuestionable gran mérito. Recibir este premio por su lealtad y servicio inquebrantables a la Revolución debería haber sido uno de los momentos cumbre de la vida de esta joven, pero once meses más tarde se suicidó. Conchita Mas Mederos entregó su vida a la Revolución impelida por la pasión hacia sus ideales. Fue una trabajadora infatigable. Mientras todavía estaba en la Escuela de Comercio, encontró un empleo en el servicio doméstico para contribuir a la economía familiar, y en el tiempo libre que le quedaba recolectaba fondos para el ejército rebelde.

Exponente anónimo del sacrificio que literalmente la agotó hasta la muerte, Conchita

**Art intervention Controversia con el ghetto
(Controversy in the Ghetto), 1999-2000.**

Mas Mederos participó activamente en el reclutamiento de jóvenes de las zonas rurales y las enseñó a coser –lo que era conocido como labores domésticas– para que pudieran encontrar trabajo en la ciudad. Eric nos pregunta, retóricamente, si ella sabía, o al menos sospechaba, que dicho programa no era tan altruista como parecía, que era una manera de controlar a las familias campesinas, potencialmente antirrevolucionarias.

No podemos saber lo que sabía Conchita –todo es posible. La Historia es construida sobre suposiciones, y las motivaciones se mezclan y tienden a cohabitar promiscuamente en los mismos espacios. En cualquier caso, Conchita se aseguraba de que los niños asistieran a la escuela regularmente, y se ofreció voluntaria para cualquier servicio que el Estado pudiera necesitar. Hizo más de lo que cualquier persona podía o debía hacer y pagó el precio. Los médicos, detectando señales de agotamiento físico, le aconsejaron que frenara su actividad pues su salud estaba en peligro, y le ordenaron regresar a casa de su madre, en Cienfuegos.

Las causas de este tipo de actos son difíciles de evaluar, pero el Estado, desde su función como institución, dondequiera que esté, o sea cual sea su ideología, posee un largo y oscuro record de empujar a la gente a los extremos. Todos tenemos nuestros límites. Cuando los conocemos los traspasamos, cuando no, nos derrumbamos incluso más rápidamente, y en muchas ocasiones sin esperanza de volver atrás.

Eric mira a la Revolución con ojos críticos, pero su crítica nace desde dentro. Está viendo cómo sus creencias, ilusiones y logros están cayendo en la decadencia, y rechaza la cultura de la mentira. Algunas de sus intervenciones tienen lugar en colegios, lo cual significa que el artista cuestiona implícitamente uno de los mitos principales de la Revolución cubana: su sistema educativo. Su objetivo no es desmitificar los innegables éxitos alcanzados por los programas y reformas educativos de Cuba, sino más bien cuestionar lo que ha quedado de éstos en la actualidad –la pérdida de motivación por parte del profesorado, la enorme escasez de material escolar, la incapacidad de seguir inculcando los valores éticos que constituyen el tejido fundamental de la sociedad cubana. Señala las morbosas pruebas de su deriva a la decadencia y el cambio de comportamiento de las nuevas generaciones. Cuba no es el único país que ha sacrificado los ideales por los que había luchado, pero sí que se muestra intencionadamente impotente ante lo que está sucediendo o aún peor, perversamente ciego a sus consecuencias.

La primera intervención del artista, *Controversia con el ghetto* (1999-2000) –título característicamente irónico y burlón– se puede entender como una metáfora de la reconstrucción de la infraestructura del degradado sistema cubano. El locus físico de esta obra es un entretejido extraordinario de historias cubanas y de distintas ideologías militares. El propio solar de la intervention ha sufrido constantes trastornos y cambios de destino. Su historia comienza a finales del siglo XIX, cuando un regimiento americano del distrito de Columbia asentó su campamento: El cuartel Columbia. En 1934 el campamento cambió de manos a causa del primer golpe de Batista, convirtiéndose en su cuartel general. Como suele ocurrir en tales ocasiones, el nombre fue cambiado a Ciudad Militar Columbia. Más tarde, con la Revolución, las cosas volvieron a cambiar. En 1959 el solar fue utilizado como cuartel general de las tropas rebeldes y nueve meses más tarde fue renombrado Ciudad Escolar Libertad, expresión que combinaba dos de los ideales de la Revolución –libertad y educación– en lo que finalmente resultaría ser una unión incómoda. La intervención de Eric consiste en realizar reparaciones en tres de los baños de la escuela que incluyen la reposición del lavabo, el retrete, los azulejos, las tuberías, así como la instalación eléctrica y la carpintería. Los motivos de los nuevos azulejos se inspiraron en fotografías que el artista tomó de las condiciones en que encontró el edificio la primera vez que lo visitó. También produjo una serie de grabados que cuentan parte de la historia del lugar. En este trabajo se entremezclan la intervención personal y el material de archivo.

A Eric le interesan los espacios habitados por capas de voces contradictorias, algunas de las cuales sustituyen a las que han sido eliminadas. Habría mucho que escribir sobre la supresión o la eliminación: mientras que el capitalismo elimina los edificios por dinero, la Revolución suprime la memoria para imponer su propio discurso. La iglesia, la burguesía y las minorías étnicas o religiosas son vulnerables frente a un discurso que no admite matices. Para el gobierno revolucionario el cambio es simbólico; elimina todo aquello que no desea reconocer. *¡A quitarse el antifaz!* (2000) aborda la reasignación de funciones a edificios e instituciones que tuvo lugar tras la Revolución; especialmente le interesan aquellos espacios que estaban "manchados" por lo que habían representado. Las casas de la burguesía, por ejemplo, fueron confiscadas por la Revolución, después redistribuidas o cedidas a trabajadores o miembros del partido.

Esta intervención se centra en la antigua casa del director de la central eléctrica de Cienfuegos, construida en los años cuarenta, que fue transformada en centro de día (centro donde se dejaba a los niños para entregarse a la causa de la Revolución). En una sola barrida simbólica, la propiedad individual había sido transformada en un colectivo estatal, y la casa de una persona adinerada en un centro de servicios sociales –en resumen, la riqueza fue redistribuida efectivamente. Fue este centro el que adoptó el nombre de Conchita Mas Mederos en 1963. Prácticamente cuarenta años más tarde, Eric funde las dos historias ofreciendo una fiesta, o más exactamente una celebración popular, en una casa ocupada anteriormente por la burguesía: una fiesta de cumpleaños colectiva para niños necesitados, que contó con regalos, pasatiempos y refrescos. Esta espléndida fiesta de cumpleaños fue documentada, como dicta la tradición, con un lujoso álbum de fotos, un gesto que había sido totalmente olvidado bajo las condiciones restrictivas del periodo especial.

En estas lecturas, en primer lugar entran los detalles específicos de la historia, a continuación el terreno más amplio aunque oscuro que informa al mito, y finalmente el angosto camino de la ideología. Henry explora el trazado de los contornos de su historia y su cultura, de la tierra y de la gente, que son complementarios, contradictorios, que se solapan, y que finalmente resultan ser lo que podríamos llamar las huellas estratificadas de nuestra vida. La de Cuba, como cualquier otra sociedad, ha sido construida sobre estas capas diferentes de la historia humana, o quizá de la geografía humana, pues el terreno ha formado e informado las vidas de aquellos que viven o han vivido allí. La tierra está llena de pruebas: contiene señales de los indígenas (eliminados), de los esclavos y de los colonizadores con esa oscura e incestuosa relación que caracteriza todo sistema cultural mantenido por el esfuerzo físico de esclavos negros.

Todos reconocemos la importancia de ese tipo de economía para la formación cultural y política de la modernidad. Este hecho ahora está siendo continuamente recordado y señalado en las historias subalternas, como por ejemplo el libro de referencia *The Black Atlantic: Modernity and Double Conciousness* de Paul Gilroy, donde éste recuerda la insistencia de Jean Jaures en que las fortunas que se forjaron en Burdeos y Nantes por el comercio de esclavos otorgaron a la burguesía el orgullo y la seguridad que necesitaba para contribuir a la emancipación humana. En otras palabras, la historia depende de la perspectiva desde la cual se narra.

Ni que decir tiene que el Caribe, pese a la manera en que el sistema europeo ha actuado sobre él, en efecto, debido a las circunstancias peculiares de su historia, posee una cultura diferente de la europea, aunque ésta constituya una parte importante. Sin embargo, como ocurre en las discusiones sobre la Ilustración, la relación entre la plantación sustentada por esclavos del Nuevo Mundo y el "proyecto inacabado" de la modernidad ha sido sistemáticamente omitida. Como consecuencia, todo el problema de la raza y del poder contemporáneo no ha sido correctamente planteado, mucho menos adecuadamente elaborado y abordado.

Eric trabaja como un arqueólogo que busca descubrir los patrones que comprenden el orden, y desafiar la narración predominante. Escoge fragmentos o cascos que son pruebas irrefutables de una historia y acumulaciones de un pasado, y que son tan específicos como pueden humanamente ser. Utiliza la metodología de la yuxtaposición, así como un entretejido de hilos argumentales que crean un tapiz de pasiones cotidianas, la confección de un collage con los acontecimientos y su actividad creativa, utilizando imágenes recogidas de material archivístico y fotos de sus excavaciones y exhumaciones. Construye a partir de contrastes, aproximándose a los componentes de la historia –archivísticos, anecdóticos, estadísticos– que se relacionan tangencialmente con sus cinco historias axiales. El texto está lleno de voces, incluyendo a los narradores, a las figuras grandes o menores, las cuales no sólo reflexionan sobre los acontecimientos, sino que fueron actores, testigos o herederos de tales testimonios– los nombres van y vienen como la gente que se cruza por un momento en nuestras vidas. Sigue un orden cronológico hacia delante, pero en cierto sentido, Eric se mueve hacia atrás desde lo particular, hacia atrás desde la piedra arrojada al río del tiempo que describe, desde el vórtice dominante del centro –que es la forma en que la historia ha sido narrada– los círculos que se ensanchan hacia afuera.

Las intervenciones de Henry Eric pretenden introducir, empalmar, o plegar cinco

Art intervention **Kermesse al desengaño**
{Righting the Wrong Kermesse}, 2001-2002.

historias desconocidas en la historia oficial. Son historias que literalmente emergen y que pertenecen a la historia, aunque no hayan sido nunca narradas por ella, o colocadas dentro siquiera. La Revolución de 1959 es, por supuesto, el marco de todas ellas. Se trata de un marco correctivo que arroja una perpetua luz dialéctica sobre todas las cosas. Construye sin fracturas, exclusivamente en función de sus éxitos indiscutibles, y se manifiesta como una visión monolítica triunfante, de la cual, las pequeñas glorias del naufragio humano, los fracasos necesarios de cualquier empresa, han sido eliminados. Henry no busca abrir brechas, sino deslizarse hacia el brillo que despiden los fragmentos y ofrecer a estos detalles pequeños la atención que merecen.

Las cinco historias narradas por el artista mediante estas intervenciones –la excavación arqueológica en los cimientos de la escuela de San José de las Lajas (2000-2001), las exhumaciones del cementerio Colón (1999-2000), la reconstrucción de los baños en la Ciudad Escolar Libertad (1998-99), la reconstrucción de la tumba en un cementerio judío (2000), y la fiesta de cumpleaños para los niños del centro de día (2000) celebrada en la casa de la familia adinerada que ya he mencionado constituyen los puntos principales, tanto de las fotos que acompañan a su texto, como de su narración histórica particular. Los espacios en donde llevó a cabo sus diversas intervenciones han sido inevitablemente transformados física y culturalmente a través de los años, y han adquirido nuevos significados, nuevos silencios y nuevos abandonos. Han cambiado política, económica y socialmente, han sido ignorados e incluso suprimidos, pero nunca rehabilitados por la historia oficial. Por el contrario, éstos y otros espacios han sido disfrazados con nuevas ropas y sus pasados emparedados en una retórica brillante; o simplemente los han dejado pudrirse. Henry los ha rehabilitado literal y metafóricamente. Son historias pequeñas pero no exentas de murmullos perturbadores que conducen a esos espacios donde la arqueología desentierra algunas de las consecuencias éticamente negativas, a gran o pequeña escala, que causó la profunda transformación de la Revolución de 1959. Sin embargo, sería de mal gusto entender estos gestos como antirrevolucionarios, ya que no lo son: son acciones simples, éticas, humanas, de preocupación dentro de un contexto que ha fracasado en ver la necesidad imperiosa de llevarlos a cabo.

Vida y muerte, principio y final son las metáforas principales de la interacción que realiza Eric entre el texto y la obra. En ciertos aspectos, Henry se ocupa de lo incompleto para enderezar aquello que no fue adecuadamente acabado, se ocupa de pequeñas cosas que habrían debido hacerse. Su obra viene a ser como una muestra de respeto simbólica y también material, como una conclusión digna y dignificante. Entierra algunos de los muertos no reconocidos, o apenas conocidos de la compleja historia racial cubana. La historia nos ha contado que la prosperidad económica de finales del siglo XVIII hizo posible el crecimiento de diversas ciudades. En 1791, las estadísticas de la población indican 153. 559 blancos y 118.741 de color, de los cuales 54.041 eran libres. Este rápido crecimiento de la población –y es aquí donde Henry funde historias del pasado con las del presente– lleva inevitablemente a la construcción de más cementerios, incluyendo el Antiguo Cementerio de San José de las Lajas.

Del mismo modo, a finales del siglo XVIII y principios del XIX hubo un aumento muy brusco de la población criolla como consecuencia de los numerosos inmigrantes provenientes de Haití. Estos inmigrantes rápidamente adquirieron una presencia económica notable que les abrió aspiraciones nuevas que abarcaban, desde la igualdad política y jurídica, hasta las primeras señales del impulso hacia el movimiento separatista que dio inicio a la guerra de los diez años (1868-78). (El triunfante final de esta guerra se frustró en las provincias occidentales donde existía un temor mayor a perder las fortunas, y un miedo real en lo que respectaba al posible levantamiento de la población esclava.) Este aumento de la población condujo también al establecimiento y la expansión, entre 1871 y 1886, del Cementerio de Colón en Vedado, con sus lujosos panteones que afirman la presencia de una burguesía cómoda y establecida. Este cementerio es la ubicación de una de las exhumaciones de Eric.

Tras la guerra de los diez años, muchos abandonan la isla debido a la crisis de la industria azucarera, que había quedado devastada debido a la explotación competitiva de las potencias europeas durante la guerra. Enfrentándose al reto de la reconstrucción, las fábricas azucareras americanas y la Central, con sus casi 1200 fábricas, contrajeron un compromiso importante, tanto económico como político. Aunque el número de fábricas decreció hacia finales de siglo, todavía se las arreglaron para incrementar la producción. Pero la guerra había surtido su efecto, y hacia finales del siglo XIX la renta *per capita* era un cuarto de la de los Estados Unidos, mientras que en la década de 1860 había sido ligeramente superior. En sus intervenciones, Eric no está ilustrando la historia, pero sí "desenterrándola", casi en un sentido heideggeriano, es decir, que literalmente está extrayendo la verdad de la tierra.

Al hurgar en las historias particulares, Eric dota de un enfoque específico a las intervenciones que realiza. Observa el paso del tiempo y la manera en que las malas interpretaciones ocurren, o son deliberadamente fomentadas, y examina cómo el presente tergiversa, oculta o distorsiona en beneficio propio para asegurarse el dominio y el control de su propio relato ideológico. (Los ingleses, por ejemplo, escribieron la primera historia de la India, enmarcada inevitablemente en el discurso imperialista, mientras que americanos, por su parte, prácticamente excluyeron a sus poblaciones minoritarias de su historia oficial hasta 1960.) Este tipo de ceguera caracteriza a todas las estructuras ideologicas del poder y de la religión.

El artista recupera historias de la tierra, como si mediante el acto de nombrarlas pudiera enderezar las injusticias que se han cometido con ellas, conduciéndolas así a un debate terapéutico con el presente. Su última excavación *Kermesse al desengaño* (2001-02), fue ejecutada en el solar de una escuela primaria, Manuel Ascunce Domenech, en San José de las Lajas. En 1788 la primera iglesia de San José fue construida en ese mismo lugar –la iglesia fue una consecuencia de la expansión urbana que llevó a la construcción de un nuevo cementerio, situado en el patio de la iglesia. Este cementerio, reubicado y ampliado en 1841, y bautizado con el nombre extrañamente incongruente de "Antiguo Cementerio", se convirtió en un recinto completamente vallado con una entrada de piedra. En 1896-97 uno de los muros fue derribado para hacer espacio a las fosas comunes de las víctimas anónimas del general español Valeriano Weyler, que había matado brutalmente a cinco mil campesinos durante la guerra de independencia (1895), después de haberles mantenido arrestados más de un año en campos de concentración. A principios del siglo XX, el obispo de la Habana dio la orden de demoler, tanto la iglesia como el cementerio, demolición que tuvo lugar en los años veinte. La tierra urbana constantemente cambia de dueños, y en los años cuarenta el solar fue adquirido por la orden religiosa Amor de Dios, que levantó un colegio privado bajo el auspicio de la orden. Finalmente, tras la Revolución, el solar fue expropiado para albergar una escuela estatal, lo cual vino a ser como una apropiación ideológica tanto de la tierra como la religión.

Asimismo, Eric muestra un interés especial por las víctimas de la esclavitud y por la complejidad de las relaciones raciales en Cuba. Dichos problemas están en el fondo de *Kermesse al desengaño*. Durante estas excavaciones, Eric desenterró dos clases distintas de huesos que fueron identificados como de origen africano. Construyó urnas de mármol, bronce, cerámica y vidrio con la intención de honrar sus muertes. Estas urnas recuerdan a la sociedad cubana su historia compleja y accidentada, así como el trasfondo del racismo, que sigue merodeando de manera sutil, y a veces abierta. La segunda parte de estas excavaciones se ocupó de las víctimas anónimas, mencionadas arriba, de la Guerra de Independencia, en memoria de quienes erigió un pequeño monumento funerario para permitirles descansar en paz entre la confusión y las ocultaciones deliberadas en las que han incurrido los relatos de la historia.

La primera de estas exhumaciones tuvo lugar dos años antes en el Cementerio Cristóbal Colón, que fue construido entre 1871 y 1886, y que ha sido declarado patrimonio cultural de la humanidad. Es un lugar imponente, que parece extrañamente vivo, lleno de los ecos de la historia, de la arquitectura y de las emociones. La historia es un relato hecho por las personas, y sólo si sus narraciones son contadas puede ser realmente entendida. Las personas orquestan la historia por medio de sus pasiones, percepciones y fracasos. Sin embargo, raramente la gente corriente y anónima encuentra su sitio y espacio en ella, pues la histo-

Art intervention Los que cavan su pirámide
(Those Who Dig Their Own Pyramids), 1999-2000.

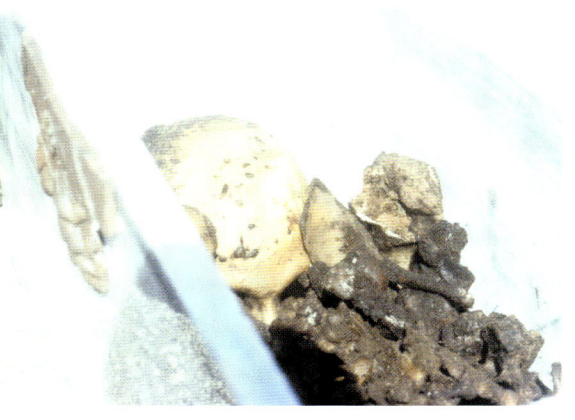

ria, ante todo, es una narración de poder. Mao clamaba por una Revolución permanente, un constante proceso e impulso de cambio, un proceso incesante y energético. Movimiento en masa; el individuo como acto/r. Mao también advertía contra el culto a la personalidad, pero olvidó practicar lo que predicaba. Quería que el liderazgo estuviera sujeto a una dinámica de cambio, pero aquello fue demasiado para el aparato partido.

En sus esfuerzos para honrar a la gente "común" y reinsertarla como parte esencial en todos los intentos de comprensión de la historia cubana, el trabajo de Eric es simultáneamente un recordatorio intemporal del pasado y un acto revolucionario. Recopiló información de los archivos del cementerio y seleccionó un grupo de personas cuya muerte había pasado desapercibida para todos excepto para sus familias cercanas. Una de ellas fue, por ejemplo, Fidelina Luca Ortiz, que formó parte del programa de alfabetización que constituyó uno de los éxitos ingentes de la Revolución (de una población de casi siete millones de personas, sólo quedó un 3.9% sin aprender a leer o escribir). Eric contactó a las familias afectadas y solicitó su permiso para construir urnas funerarias que albergaran los restos de sus familiares. Su objetivo era otorgar la misma importancia a estas personas que a todas las enterradas allí rodeadas de toda la pompa arquitectónica y de poder, dinero y reconocimiento —como por ejemplo Eduardo Chibás. Este acto de realojar y reunir equipara a la gente ordinaria y extraordinaria en el mismo espacio nominalmente sacrosanto.

Otra de las intervenciones de Eric brinda un gesto de respeto similar hacia la comunidad judía de Cuba —sin lugar a dudas el grupo más hermético de la isla— que ha estado en minoría desde los tiempos coloniales. Aunque no se han cometido excesos crueles hacia los judíos en Cuba, sí que frecuentemente se les ha confinado al ostracismo, y siempre han vivido con cierta incomodidad. Cuba atrajo grandes olas migratorias de judíos a finales del siglo XIX, tanto desde Europa como desde el norte de África; una segunda ola llegó a consecuencia de la primera guerra mundial, cuando grandes cantidades de judíos volaron a Cuba para escapar de los guetos; y otro grupo más llegó tras la segunda guerra mundial. Pese a abrir establecimientos de joyería, y otros comercios en la Habana vieja, los judíos siempre han tenido dificultades para integrarse en la sociedad cubana.

El primer cementerio judío se construyó sobre las laderas alrededor de Guanabacoa, justo en las afueras de la Habana, en 1910. Este cementerio se extendía hacia ambos lados de la vía ferroviaria que había cerca, pero tras la Revolución su amplitud fue drásticamente reducida. La intervención que llevó a cabo Eric en 2000 en dicho cementerio consistió en construir una tumba de mármol para uno de los representantes judíos más importantes, Samuel Nisenbaum, anciano judío que murió en 1995. Su familia no contaba con los medios económicos suficientes para levantar tal monumento. La tumba es una muestra de reconocimiento del papel tan importante que los judíos han desempeñado en la vida social y comercial de la isla desde el siglo XIX, y también un homenaje a un individuo concreto.

El texto de Henry es un mosaico, una compilación de todo lo que pudo encontrar que fuera útil —textos y fotografías— para el profundo significado de sus intervenciones. El artista ejerce su derecho a cuestionar la historia oficial, a discutir el derecho de ésta a imponer la autoridad de su narración a toda costa, muchas veces directamente a expensas de los individuos. Ha insistido en la necesidad de respetar a aquellos que han formado la historia, especialmente los pequeños actores, los hombres y mujeres que la han habitado y formado. Considera dicho respeto como la señal que caracterizaría a una sociedad civilizada, esencial para su salud.

En su trabajo, la historia se ve como una narración vulnerable, suspendida entre la inclusión y la exclusión, entre la representación y la represión —la última palabra nunca llega. Es una historia del presente salpicada de interrogaciones al pasado, una configuración donde tanto el pasado como el presente se convierten en lugares de tránsito temporal, de traducción cultural y de preguntas éticas. Cualquier contacto con la historia es como un compromiso con un prisma donde las refracciones llegan a ángulos distintos y donde las apariencias varían según el ángulo y la luz. La historia es un lugar donde nos vemos a nosotros mismos y donde podemos ejercitar las confrontaciones verdaderas y vitales: aquí reside el logro de este artista, un artista que ha comprendido a la perfección y llevado hasta su propio terreno la afirmación penetrante de Charles Olson cuando escribió: *"No hay jerarquías, ni infinito, ni masa, sólo hay/ ojos en todas las cabezas/ para desde ellos mirar fuera".*

Finalmente, en calidad de nota al pie, breve pero elocuente, podemos preguntarnos qué ha sido de los gestos simbólicos de Henry en un ambiente de autoridad inflexible, de prepotencia ofuscada, y de decadencia ideológica. Sus baños de la Ciudad Escolar Libertad han sido destruidos; la tumba de Samuel Nisenbaum profanada; el patio de la escuela de San José cubierto de asfalto para impedir la construcción de un monumento; asimismo se le ha negado el permiso para continuar y completar la segunda parte de su intervención. Recientemente, cuando solicitó un permiso para utilizar los restos arqueológicos y etnográficos del museo para su exposición de Madrid, recibió un "no" directo y terminante. Cualquiera que sea la explicación —culpabilidad, indiferencia, prepotencia o ceguera— el hecho es que se han perdido ciertos ideales fundamentales. Los cargos, sin embargo, han sido presentados, el proceso demostrado, y la historia, por supuesto, continúa, y continúa siendo reescrita.

(Trad. Elena González Escrihuela)

Art intervention **Controversia con el ghetto** {Controversy in the Ghetto}, 1999-2000.

FIVE STORIES IN HISTORY: HIS/STORIES KEVIN POWER

The present act is a compound of many elements: out of the hazy near past/the strong and clear distant past, and the immediate moment.
—Paul Metcalf, *Genoa*

All history, even one that claims objectivity, is an ideological telling, a narrative told from a particular perspective. Henry Eric's broader sense of history has anchored itself in the particulars of his own life and artwork. His central metaphors are, perhaps, repair, respect, and recovery: the redressing of the injustices official history always does to the small actors who lived and made it. His text that follows in this book is not, of course, an "official" history, but rather one that moves crabwise. It is told, untold, and retold capriciously—or perhaps it is not retold from caprice, but instead as an intimate register of what matters to him, the knowledge he has acquired as a result of his own intellectual and emotional labors. It is a saying that he passionately *needs* to know, and as such it is a highly energized history moved both by the keen desire to know and the desire, perhaps, to correct, dignify, and even slightly modify its course—these are not grandiose changes, but small corrections on a human scale that speak of an eloquent concern for the lives of others. Eric has thus constructed his own sphere of knowing, his own small library of facts and texts that have significantly centered moments of his life.

This book, which begins in 1788 with a booming Cuban economy and finishes in 1964 with the death of a nineteen-year-old girl, could have rolled on. Eric's text is not a scientific telling: it willfully twists and obscures to guarantee the "clarity" of the version it wishes to uphold. The story's ending stands as what one might call an emblematic contradiction, an anguished signaling in a minor key of one of the disasters that invariably accompany triumph. It is a simple story and very much a story of the Cuban Revolution. It is 1963, the year in which a young militiawoman, Conchita Mas Mederos, finds that her name has been given to a Círculo Infantil in recognition of her unquestionable human merit. Receiving this reward for her unshakable loyalty and service to the Revolution should have been one of the culminating moments of this young woman's life, yet eleven months later she committed suicide. Conchita Mas Mederos gave her life to the Revolution: she was driven by a passion for its ideals. She was an indefatigable worker. While attending the School of Commerce, she found employment as a household servant in order to contribute to her family's economy, and in whatever time she might have left, she collected funds for the rebel army.

An anonymous exponent of sacrifice who literally worked herself into the grave, Conchita actively recruited young women from the surrounding countryside and taught them sewing—what were known as domestic manual labors—so that they could find work in the city. Eric asks us, rhetorically, if she might have known, or perhaps suspected, that this program was not as altruistic as it first appeared, that it was also a means of controlling peasant families who were seen as potential anti-revolutionaries. We cannot know what Conchita knew—all things are possible. History is constructed on suppositions, and motivations mix and promiscuously cohabit.

In any event, Conchita made sure that the local children attended school regularly, and she volunteered for any and every service that the State might need. She did more than any human could or should, and she paid the price. The doctors, seeing troubling signs of physical exhaustion, warned her she was endangering her health and told her to return to her mother's home in Cienfuegos.

The causes that drive a person to suicide are difficult to assess, but the State as an institution—wherever its zone of action and whatever its ideology—has a long and dark record of pushing people to extremes. All of us have breaking points: when they are known, we break; when we are unaware of them, we break even faster; sometimes we break irrevocably.

Eric looks at the Revolution with critical eyes, but his critique comes from within. He sees its beliefs, ideals, illusions, and achievements falling into decadence, and he rejects the massive culture of "the lie." Some of of his interventions take place in schools, and the artist thus implicitly questions one of the central myths of the Cuban Revolution: the educational system. Eric's objective is not to demythify the undeniable successes achieved by education programs and reforms in Cuba, but rather to question what has become of them today—the loss of motivation on the part of teaching staff, the massive material shortages, the inability to inculcate the ethical values that constituted the binding at the heart of Cuban society. He points to the sick evidences of the slide into decadence and the changing behavior of the new generations. Cuba is not alone in slaughtering the values it had fought for, but it is willfully impotent before what is happening, and even worse, perversely blind to the consequences.

The artist's first intervention, *Controversia con el ghetto (Controversy in the Ghetto)* (1999–2000)—a characteristically ironic, tongue-in-cheek title—can be read as a metaphor for the reconstruction of the crumbling system's infrastructure. The physical location of this work is a wondrous weaving of Cuban stories and distinct military ideologies. The site itself has undergone constant upheavals and changes of destiny. The story begins at the end of the nineteenth century when an American regiment from the District of Columbia set up camp on the island and gave the site its first name: the Columbian barracks. In 1934 the camp changed hands, as a result of Batista's first coup, and it became his military headquarters; as tends to happen on such occasions, the name was changed to the Military City of Columbia. And then, of course, with the Revolution, things changed yet again. In 1959 the site was used as the command headquarters for the rebel army, and nine months later it was renamed the Student Freedom Center (combining two of the Revolution's ideals—freedom and education—in what would prove to be an uncomfortable marriage). Eric's intervention consists of carrying out repairs to three of the bathrooms in the school, including the replacement of washbasins, toilets, tiles, pipes, and doing electrical and carpentry work; the motifs on the new tiles were drawn from photos the artist took of the condition in which he first found the buildings. He also produced a series of prints that tell part of the site's story. Intervention and the archive intermingle.

Eric is interested in spaces that are inhabited by layers of contradictory voices, some of which replace those that have been eliminated. There is much to be written about erasure: while capitalism erases buildings for profit, the Revolution erases memory in order to impose its own text. The church, the bourgeoisie, and racial or religious minorities are all vulnerable in the face of a text that admits no nuance. For the Revolution, change is symbolic. It eliminates what it does not wish to recognize. The artist's ¡*A quitarse el antifaz! (Taking the Mask off!)* (2000) addresses the reassignment of functions to buildings and institutions that took place after the Revolution; he is especially interested in those spaces that were "tarnished" by what they represented. The houses of the bourgeoisie, for example, were confiscated by the Revolution, then reallocated, or handed over, to workers or party members.

In this specific intervention the focus falls on the former home of the director of the Cienfuegos electrical plant, built in the 1940s, which was turned into a daycare center. In one symbolic sweep the individual owner had been changed into a state collective and a rich person's house into a social service center—in short, wealth had effectively been redistributed. (It was this center that was renamed after Conchita Mas Mederos in 1961.) Forty years later, Eric fuses the two stories by throwing a party, or more precisely a popular celebration, in a house formerly occupied by the bourgeoisie: a collective birthday party for children in need, complete with presents, entertainment, and refreshments. This splendid birthday party was documented, as tradition demands, through a luxurious photo album—a gesture that had been totally forgotten in the restrictive conditions of the Periodo Especial.

In these readings the discrete details of history enter first, then the larger and darker informing patterns of myth, and finally the narrow gauge of ideology. Eric explores the mapping of the complementary, contradictory, and overlapping contours of history and culture, of place and people, of what we might call the stratified traces of our living. Cuba, like any society, has been built up on these different layers of human history/human geography, because space and place both form and inform those who live within them. The earth is full of evidence: evidence of the indigenous (eliminated); of the waves of immigration, Jewish, Asiatic, Central European, etc.; of the slave and the colonizer (in the dark incestuous interdependency that characterizes all colonial systems sustained by the physical labor of black slaves).

We all recognize the centrality of the slave economy to the cultural and political formation of modernity. These are now being signaled by the majority of subaltern histories, such as, for example, Paul Gilroy's *Black Atlantic: Modernity and Double Consciousness* (1993), where he reminds us of Jean Jaurès's insistence that the fortunes created by the slave trade, at Bordeaux or at Nantes, gave the bourgeoisie the necessary drive to work toward human emancipation! In other words, history depends on the perspective from which you tell it.

It hardly needs saying that the Caribbean, despite the imposition upon it of the European system—indeed, because of the peculiar circumstances of its particular history—contains within itself a culture different from Europe, though not entirely exclusive of it. Yet so often in contemporary discussions of the Enlightenment, the relationship between New World plantation slavery and the "unfinished project" of modernity has almost systematically been passed over; as a result, the whole problem of race and modern power has not been adequately formulated, much less elaborated and addressed.

Eric works as an archaeologist who seeks to discover the details of patterns that comprehend order and challenge the prevailing narrative. He settles on fragments or shards that are indisputable evidences of a story, of accumulations of a past that are as specific as they can humanly be. His methodology is one of juxtaposition, a weaving of strands to create a tapestry of small human passions, a piecing together of a collage of events and his own creative activity using both images gleaned from archival material and photos of his own excavations and exhumations. He builds out of contrasts, keeping close to the components of history—anecdotal, statistical, and archival—that tangentially relate to his five axial stories. The text is full of voices, including narrators, major and minor figures who not only reflect upon events but were actors in, witnesses to, or inheritors of such testimonies. The names come and go like people who momentarily cross our lives. It moves forward chronologically, yet at the same time, as I have said, Eric is also moving back from the particular, back from the pebble thrown into the pool of time, into its widening circles, away from the controlling vortex of History as it has been told.

Henry Eric's interventions seek to introduce, splice, or fold five unknown stories into the official history. These stories that emerge literally belong to history, although they have never been narrated within it. The 1959 Revolution is, of course, the master frame for all of these stories; it is a corrective frame that casts everything in an unremitting dialectical light. It constructs without fractures in terms of its own indisputable truths, and it stands as a monolithic triumphal vision from which the small glories of human shipwreck—the necessary failures—have been eliminated. Eric is not seeking to drive in wedges, but rather to slice in the brilliance of fragments and to give to these small particulars the attention they deserve.

The five stories narrated by the artist through these interventions—the archaeological excavations on the grounds of a school in San José de las Lajas (2000–01), the exhumations in the Colón Cemetery (1999–2000), the reconstruction of the bathrooms in the Ciudad Escolar Libertad (2000), the reconstruction of a tomb in a Jewish cemetery (2000), and the celebration party for children attending a daycare center (2000) held in the former home of a wealthy family—are nodal points for both Eric's photos and for his particular historic narrative. The spaces where he carried out his various interventions have inevitably been transformed physically and culturally over time; they have acquired new meanings, new silences, and new incompletions. They have been changed—politically, economically, and socially—ignored, and even erased. These spaces (and others) have been dressed in new clothes and had their pasts walled in by shining rhetoric, or they have been allowed to rot. Eric has rehabilitated them literally and metaphorically. These are small stories, but they are not without their incommodious ripples, and they lead us to those spaces where archaeology unearths some of the ethically negative consequences, large and small, that were caused by the major transformation of the Revolution itself in 1959. Yet it would be cheap to see these gestures as antirevolutionary, for they are not: they are simple, ethical, human acts of concern within a context that has failed to see the commanding need for them.

Life and death, beginning and end are central metaphors for Eric's interplay between text and work. In certain respects he is dealing with incompleteness, the righting of what was inadequately terminated, small things that had to be done. His work amounts to a symbolic and material paying of respect leading to a dignified and dignifying conclusion. He buries some of the unacknowledged and barely known dead of Cuba's complex racial history. History has told us that Cuba's economic prosperity at the end of the eighteenth century, as might have been expected, led naturally to a population increase; in 1791 statistics show 153,559 whites and 118,741 "coloreds," of whom 54,041 were free. This rapid population growth—and it is specifically through the meanings implicit within these excavations that Henry welds together stories of the past with those of the present—led inevitably to the establishment of more cemeteries, including the Old Cemetery in San José de las Lajas.

Similarly, at the end of the eighteenth and beginning of the nineteenth century there was a sharp rise in the Creole population due to the large number of immigrants from Haiti. These new arrivals rapidly acquired a notable economic presence, and they had new aspirations, ranging from legal and political equality to the first signs of a push towards the separatist movement that would lead ultimately to the Ten Years' War (1868–78). (This war was unsuccessful in the Western provinces where there existed a greater fear of losing fortunes and a real apprehension concerning the possible uprising of the slave population.) This rise in the country's population led to the establishment—and an expansion between 1871 and 1886—of the Christopher Columbus Cemetery in Vedado, with its luxurious pantheons that affirm the presence of a comfortable and established bourgeoisie. This cemetery is the site for one of Eric's excavations.

After the Ten Years' War many families abandoned the island because of the economic crisis in the sugar cane industry, which had been devastated by European competition during the war. Confronting the challenge of reconstruction, American-owned sugar plants and the Central, with its almost 1,200 facilities, made an important commitment, both politically and financially. While the number of plants decreased towards the end of the nineteenth century, the companies nevertheless managed to increase their production. The war had taken its toll, and at the end of the century Cuba's per capita income was a quarter of that of the United States', whereas in the 1860s it had been slightly higher. Eric is not illustrating history in these interventions, but it is constantly being "unearthed" in an almost Heideggerian sense, i.e., he is literally pulling truth out from the earth.

By delving into specific histories, Eric gives a sharply individual focus to each of his interventions. He looks at the passing of time and the way in which misreadings inevitably occur, or are deliberately fostered, and he examines how the present misrepresents, hides, or distorts for its own purposes, thus assuring the ascendancy of its own narrative. (The English, for example, who wrote the first history of India, inevitably framed it in the discourse of Empire, while Americans almost completely excluded their minority populations from official histories until the early 1960s.) Such blindness belongs to all ideological power structures.

The artist draws stories from the ground, as if through the act of naming them he could right the wrongs that had been done to them and thus bring these stories into a therapeutic debate with the present. Eric's latest excavation, *Kermesse al desengaño (Righting the Wrong Kermesse)* (2001–02), was conducted on the grounds of a primary school, Manuel Ascunce Domenech, in San José de las Lajas. In 1788 the first church of San José was built on this same site—the church was a consequence of urban expansion, and it led, of course, to the need for a new cemetery, located in the patio of the church. This cemetery, relocated and enlarged in 1842 and given the strangely incongruent name of "the Old Cemetery," became a completely walled-in precinct with a stone entrance. In 1896–97 one of the walls was broken down to make room for mass common graves for the anonymous victims of the Spanish general Valeriano Weyler, who had slaughtered as many as five thousand peasants during the War of Independence (1895) after detaining them in concentration camps for more than a year. At the beginning of the twentieth century, the bishop of Havana gave the order for both the church and the cemetery to be demolished, and demolition took place in the 1920s. Urban land constantly changes hands, and in the 1940s the grounds were purchased by the religious order Amor de Dios, who constructed a private college under the aegis of the order. Finally, after the Revolution the grounds were expropriated to become the home of a state school, in an act that amounted to an ideological appropriation of both land and belief.

Eric has a particular interest in the victims of slavery and the complexity of race relations in Cuba, and these issues are at the heart of *Righting the Wrong Kermesse.* During these excavations Eric exhumed two sets of bones which have been identified as being of African origin. He built urns for them using marble, bronze, satin, ceramics, and glass, with the intention of lending dignity to these people's deaths. They remind Cuban society about its complex, checkered history and the undercurrents of racism which continue to haunt it in subtle and not-so-subtle forms. The second stage of this work deals with the above-mentioned anonymous victims of the War of Independence; the artist plans to erect a small funerary monument to acknowledge these victims who were deliberately omitted from the official narratives of history.

Art intervention **Lampo sobre la runa** {Flash over the Rune}, 2000.

The first of these exhumations took place two years earlier in the Christopher Columbus Cemetery, which was built between 1871 and 1886 and has since been declared a World Heritage Monument. It is an impressive place, strangely alive with echoes of history, architecture, and emotion. History is a narrative made by the people, and only if their narrations are told can it be fully understood. They orchestrate it through their passions, insights, and failures to see. However, only rarely do the anonymous and the ordinary find their place and space within it since history is, above all, a narrative of power. Mao called for a permanent revolution, a constant process and push for change, an endless and energetic process: movement en masse, the individual as act/or. Mao also warned against the cult of personality but failed to practice what he

Art intervention **Lampo sobre la runa** (Flash over the Rune), 2000.

preached. He wanted leadership to be subject to the dynamics of change, but that was too much for the Party apparatus.

In his efforts to honor "ordinary" people and reinscribe them as essential to all attempts at understanding, Eric's work is simultaneously a timeless reminder of the past and a revolutionary act. He did research in the cemetery's archives and selected a number of people who had died unnoticed by all except their immediate families. One of them, for example, was Fidelina Luca Ortiz, who took part in the literacy program that constituted one of the immense successes of the Revolution (out of a population of almost seven million only 3.9 percent were left unable to read or write). Eric contacted the families concerned and asked for their permission to make funerary urns for the remains of their relatives. His aim was to make these people as important—to give their lives the same relevance—as all of those buried there and surrounded by the architectural pomp and circumstance of money, power, and recognition (such as Eduardo Chibás or Quintín Banderas, for example). This act of relocating and bringing together equates the ordinary and the extraordinary in a nominally sacrosanct space.

Another of Eric's interventions proffers a similar gesture of respect for Cuba's Jewish community—undoubtedly the most hermetic group on the island—which has existed as a minority since colonial times. Although there have never been any murderous excesses against the Jews in Cuba, they have frequently been ostracized and have tended to live looking over their shoulders. Cuba experienced large waves of Jewish immigration at the end of the nineteenth century, both from Europe and North Africa; a second wave arrived as a result of the First World War, when large numbers fled to Cuba to escape the consequences of the ghettoes, and yet another group came after the Second World War. Despite setting up jeweler's shops and other businesses in Old Havana, Jews found it particularly difficult to integrate into Cuban society.

The first Jewish cemetery was constructed on the slopes around Guanabacoa just outside of Havana in 1910. This cemetery once extended across both sides of the nearby railway line, but it was radically reduced in size after the Revolution. Eric's 2000 intervention in the Jewish Cemetery consisted of the construction of a marble tomb for Rabbi Samuel Nisenbaum. who died in 1995; his family did not have the economic means to build such a memorial. The tomb stands both as recognition of the significant role that Jews have played in the island's commercial and social life since the nineteenth century and as an homage to a specific individual.

Eric's text is a mosaic, a compiling of everything he could find that seemed relevant—texts and photos—to what lies at the root of the interventions themselves. The artist exerts his right as an individual to question the official history and its presumptive right to impose its own narrative at all costs and frequently at the expense of the individual himself. He has insisted on the need for respect for those who have fashioned history, and especially for the small actors, the men and women who have inhabited and fashioned it. He sees such respect as a sign of a civilized society and integral to its health.

History is seen here as a vulnerable narration suspended between inclusion and exclusion, between representation and repression—the final word never arrives. It is a history of the present shot through with the interrogations of the past, a configuration where both past and present become sites of temporal transit, cultural translation, and ethical inquiry. Any involvement with history is like an engagement with a prism where the refractions come at different angles and where appearances vary according to the angle and the light. History is a place where we view ourselves, and in it we can have true and vital confrontations: this is Henry Eric's fundamental achievement. He understands and brings into his own special focus the penetrating assertion of Charles Olson: "There are no hierarchies, no infinite, no such many as mass, there are only eyes in all heads to be looked out of . . ."

And finally, as a small but telling footnote, what then has happened to Eric's symbolic gestures in the presence of unbending authority, blind prepotency, and ideological decadence? His bathrooms in Ciudad Escolar Libertad have been destroyed; his tomb for Samuel Nisenbaum has been desecrated; the patio at the school in San José has been covered over with asphalt, thus impeding the intended construction of a monument, and permission has been denied to continue and complete the second part of the intervention. More recently, when he asked for permission to use the archaeological and ethnographical remains from the museum for his exhibition in Madrid, he received a blunt and unyielding "no." Whatever the explanation—guilt, indifference, prepotency, or blindness—the fact remains that certain fundamental ideals have been lost. The charges, however, have been made, the case proven, and history, of course, both continues and continues, to be rewritten.

Episodio 1
HIZO CALOR EN LA HABANA

¡BANG!…La gente abandona los cafés. ¡CORREN! ¡BANG…BANG! A la mañana siguiente la noticia quebró el invierno habanero y lo dejó caer hasta sofocarlo: "¡La boya N° 4 donde permanecía atracado el acorazado US Maine desde el 24 de enero, ha desaparecido! [...]Ayer martes 15 de febrero de 1898, a las 9:40 de la noche, la explosión del Maine, causada por una mina [...] dejó 264 marineros muertos".[1]

Al momento, decenas de oficiales que salieron ilesos de la voladura, la prensa norteamericana e isleña, los anexionistas y algunos de nuestros principales jefes mambises guardaron luto. Entre los últimos se contaban Tomás Estrada Palma y el Presidente de la República en Armas, Don Bartolomé Masó, quienes además de solicitar la intervención de Estados Unidos en la Isla, se complacieron en gestionar, a través del banquero neoyorquino Samuel L. Janney, el convencimiento del presidente McKinley para comprar la soberanía cubana. Hecho que reencarnaría en el slogan: REMEMBER THE MAINE.

¡La coraza del navío sería la plataforma de otro bloqueo naval al Archipiélago y el desenlace cerrado para España! Pues la cruzada, que prometía extenderse hasta la "victoria cubana", estallaba con la total aversión del Norte, para el que Cuba representaba su primer firmamento comercial desde mediados de siglo. A pesar de todo esto, en la primavera de 1898 Máximo Gómez escribe al Capitán General Blanco: "España se ha portado mal aquí y los Estados Unidos están llevando a cabo por Cuba un deber de humanidad y civilización [...] he tenido motivos de admiración hacia los Estados Unidos. He escrito al presidente McKinley y al general Miles agradeciéndoles la intervención [...]".

Ya sea mágicamente o por buenaventura histórica, otra vez el 12 de agosto de 1898 se entregaba La Habana[2]. Ese mismo año se firmaría en Washington el Protocolo de Paz entre Estados Unidos y España. Más tarde las comitivas cruzaban el atlántico para firmar el Tratado de París.[3] ¡Nos habían dejado fuera de juego! Pero de no haber sido así, ¿qué hubiese pasado con nuestra sobrevivencia económica, política y social, igualmente devastadas, sin una intervención del Norte?

---

1 Cintillos de la prensa de la época.
2 En 1762 es ocupado el Castillo de los Tres Reyes Magos del Morro y, tras el arribo de una división de Norteamérica, el mando británico fuerza -el 10 de agosto- la rendición de la Reina de Las Indias. Con esta guerra la esperanza de España de recobrar la "Llave del Mediterráneo" se vería frustrada tras la pérdida de la "Llave del Golfo". El 12 de agosto se rinde la ciudad, el 13 se firma la capitulación y el 14 -después de setenta días de sitio- los casacas rojas entran en la capital.
3 El 10 de diciembre de 1898, quedó firmado el Tratado de París, suceso que perseguía concretar los acuerdos de la Resolución Conjunta de Washington (20 de abril, 1898) y el Protocolo de Paz (12 agosto, 1898) todos firmados en la Casa Blanca. Los dos primeros dictámenes de cada evento alegaban respectivamente que el pueblo de Cuba era y debía tener el derecho de ser libre e independiente; España debía renunciar a toda pretensión, soberanía y derechos sobre la Isla de Cuba.

Episode 1
IT WAS HOT IN HAVANA

BANG! People left the cafes. RUN! BANG ... BANG! The following morning the news broke the Havana winter and hit like a lead balloon: "Buoy No. 4 where the U.S. battleship Maine was moored since January 24 has disappeared! [...] Yesterday, the 15th of February 1898, at 9:40 at night, the explosion of the Maine, which was caused by a mine [...] left 264 sailors dead."[1]

Immediately, dozens of officers who had escaped the explosion unharmed, the American and Island press, those in favor of annexation, and some of our main rebel leaders were in mourning. Among this last group were Tomás Estrada Palma and the President of the Revolutionary Republic, Mr. Bartolomé Masó, who besides requesting the intervention of the United States in the Island, had taken pleasure in negotiating, through New York banker Samuel L. Janney, with President McKinley in an effort to convince him to buy Cuban Sovereignty. This is a fact that would be reincarnated in the slogan: REMEMBER THE MAINE.

The ship's armor would be the platform for another naval blockade of the Archipelago and the sealed outcome for Spain! The crusade that promised to expand until there was a "Cuban Victory" broke out to the complete aversion of the North, being as Cuba had been its first large economic opportunity for the last half century. Nevertheless, in the spring of 1898 Máximo Gómez wrote to Captain General Blanco, "Spain has behaved poorly here and the United States is carrying out a humanitarian and civil duty for Cuba [...] I have had reasons for admiring the United States. I have written to President McKinley and to General Miles thanking them for the intervention [...]."

[1] Clippings from the newspapers of the day.
[2] In 1762 the Tres Reyes Magos del Morro castle was occupied, and after the arrival of an American division, the British High Command forces, on the 10th of August, forced the surrender of the Queen of the Indies. With this war, Spain's hopes of recovering the Key to the Mediterranean would be frustrated after the loss of the Key to the Gulf. The city surrendered on the 12th of August; on the 13th the capitulation was signed, and the on 14th, after seventy days of siege, the Red Coats entered the capital.
[3] On the 10th of December 1898 the Treaty of Paris was signed, an event that attempted to solidify the Joint Resolution of Washington (April 20, 1898) and the Peace Protocol (August 12, 1898), agreements that were both signed at the White House. The first two declarations of each event stated respectively that the people of Cuba were and had the right to be free and independent, and that Spain should renounce all claims, sovereignty, and rights over the Island of Cuba.

So either due to magic or historic good fortune, once again, on the 12th of August 1898, Havana was turned over.[2] That same year the Peace Protocol between the United States and Spain would be signed in Washington. Later, the parties would cross the Atlantic to sign the Paris Treaty.[3] We had been left out of the game! But if we hadn't, what would have happened as far as our economic, political and social survival was concerned, without an intervention from the North?

4

IMÁGENES | **IMAGES**

1 Avanzada de mambises en los últimos días de la guerra. Recorte de prensa de 1898.
2 El buque USS *Maine* entrando a La Habana. Juego de postales históricas de 1934. Colección de Familia.
3 La firma del Tratado de París. Juego de postales históricas de 1934. Colección de Familia.
4 Marquilla Cigarrera que narra la Toma de La Habana por los Ingleses en 1762. Colección de Miguel Hernández Prado.

1 The Advance of the Mambises [Cuban liberation fighters] in the last days of the war. Press clipping from 1898.
2 The USS *Maine* entering Havana; set of historical postcards from 1934. Family collection.
3 The signing of the Paris Treaty; set of historical postcards from 1934. Family collection.
4 Cigar box art depicting the taking of Havana by the English in 1762. Miguel Hernández Prado collection.

5

Episodio 2
¿LOS DE COLUMBIA LLEGARON YA?

Cuba, Filipinas, Puerto Rico y el resto de las colonias del Pacífico arrebatadas a la bandera ibérica, ya descansaban de la mala suerte de una Metrópolis incapaz de cubrir sus propias necesidades. Nosotros exhibíamos la economía en ruinas[4] de un archipiélago emperifollado con el más pavoroso paisaje, del cual —según reseña la prensa oficial— escapaban las familias más pudientes hacia "[…] La Florida que sacaría provecho de esta oleada al igual que lo había hecho con la del 68[5]".

Mientras tanto, en el extremo noroccidental capitalino, en la zona llamada "Alturas de los quemados" —barrio donde, salvando las diferencias de épocas, las condiciones precarias de "ayer" no difieren mucho de las de hoy— el 17 de noviembre de 1898 se produce la inspección del General norteamericano Mr. Humphrey, con el propósito de levantar, en dicho promontorio, un campamento militar.

Traídas y emplazadas las casas y barracas de madera machimbrada, los nuevos inquilinos se disponían ya —con la evacuación de las tropas españolas el 23 de diciembre— a festejar el advenimiento de las Navidades en el Campamento Militar Columbia. Este recinto —de 2,6 kilómetros cuadrados— se nombraría así gracias al primogénito Regimiento Militar, que se estableciera el 25 de noviembre en esta colina, procedente del Distrito de Columbia en los Estados Unidos.

[4] Del millón y medio de hectáreas bajo cultivo en 1895, más de la mitad se hallaban abandonadas. La producción azucarera había descendido en un 75% y la tabacalera en más de un 80%. En las regiones más vastas del país era casi imposible encontrar una sola cabeza de ganado.
[5] Cintillos de la prensa de la época.

6

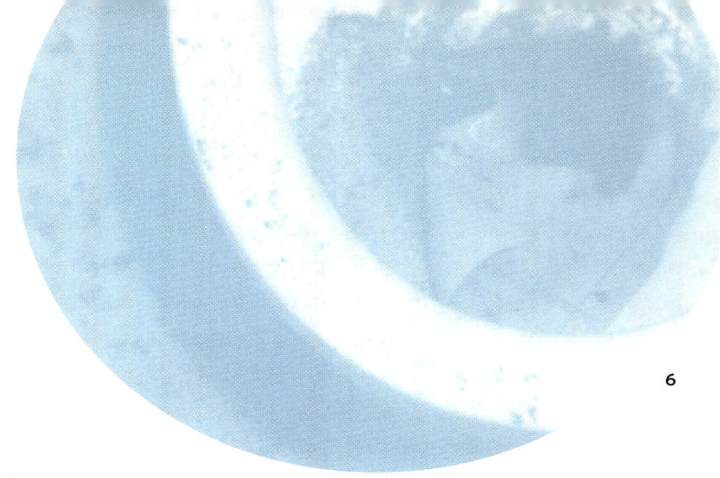

6

Episode 2
DID THE ONES FROM COLUMBIA ARRIVE YET?

Cuba, the Philippines, Puerto Rico, and the other colonies in the Pacific seized from the flag of Iberia were now relieved of the bad luck of a mother country that could not even provide for its own necessities. We had an economy in ruins[4] in an archipelago dolled up in the most frightening landscape, from which, as the official press outlined, the most affluent families escaped toward "[…] Florida, which would benefit from this wave the same as it had from the one in '68."[5]

Meanwhile, in the extreme northwest of the capital, in the area known as the "Alturas de los quemados"—a neighborhood where, save for differences in periods, the precarious conditions of "yesterday" aren't much different from those of today—on the 17th of November 1898 an inspection by the American general C. F. Humphrey was carried out with the intent of raising, on the aforementioned promontory, a military encampment.

Once the wooden tongue-and-groove houses and barracks were brought in and situated, the new tenants got ready, with the evacuation of the Spanish troops on the 23rd of December, to celebrate the advent of Christmas in Columbia Military Camp. The 2.6-square-kilometer compound was thus named for the first military regiment to establish itself on this hill on the 25th of November; the regiment had come from the District of Columbia in the United States.

4 Of the one and a half million hectares under cultivation in 1898, more than half were abandoned. Sugar production had dropped by 75 percent and tobacco by more than 80 percent. In the largest areas of the country it was almost impossible to find even one head of cattle.

5 Clippings from the press of the time.

IMÁGENES | **IMAGES**

5 Casa construida de madera machimbrada en 1898, aún existente en las áreas del antiguo Campamento Militar Columbia, hoy Ciudad Escolar Libertad.

6 Proceso inicial de la intervención *Controversia con el ghetto* realizada en 1999 en espacios del antiguo Campamento Militar Columbia, hoy Ciudad Escolar Libertad. Inodoro totalmente en desuso, parte de los baños de la escuela Seguidores de Camilo.

7 Proceso inicial de la intervención *Controversia con el ghetto*. Techo derruido del baño de la escuela Seguidores de Camilo.

5 House built in 1898 of tongue-and-groove wood; the house still exists on the grounds of the Columbia Military Camp, now the Student Freedom Center.

6 Initial stage of the *Controversy in the Ghetto* intervention carried out in 1999 in the old Columbia Military Camp, now known as the Student Freedom Center; completely broken-down toilet, part of the bathrooms in the Followers of Camilo School.

7 Initial stage of the *Controversy in the Ghetto* intervention; dilapidated roof in the Followers of Camilo School bathroom.

La Rebant...

5 PESOS *Episodio 3* HA

El Karma 1899 se presentaba con nuevos augurios. ¡El más significativo: el desarme del Ejército Libertador! Entre tanto, atrincherado en la provincia de Las Villas, Máximo Gómez opone resistencia a la disuasión hasta el 12 de marzo, fecha en que las manifestaciones realizadas por los miembros de su propia hueste en favor de su destronamiento, terminan por destituirlo de su grado de Mayor General del Ejército Libertador. Paralelamente a este evento, el Sr. Estrada Palma, sucesor de Martí en la presidencia del Partido Revolucionario Cubano, proclama la disolución del mismo al declarar cumplimentados sus propósitos. Un mes después se deshacía la Asamblea de Representantes, y los guerreros, cansados y críticamente pobres, darían a torcer sus diestros brazo una vez sellado por lo principales caudillos, e trato del retiro militar po 3 000 000 de pesos.

Episode 3 — 1899

KARMA The year of 1899 started with new omens. The most significant: the disarming of the Liberating Army! Meanwhile, entrenched in the province of Las Villas, Maximo Gomez resists being dissuaded until March 12, on which date the demonstrations carried out by members of his own troops, who are in favor of his overthrow, end up relieving him of his rank of Major General of the Liberating Army. At the same time, Mr. Estrada Palma, successor to Marti in the presidency of the Cuban Revolutionary Party, proclaims the dissolution of the party, stating that its goals have been attained. One month later, the Assembly of Representatives is dissolved and the soldiers, tired and in dire poverty, cave in and accept an agreement for a 3,000,000 peso military pension once it is signed off by the military caudillos.

8

Episodio 4
EUROPA-FLORIDA-HABANA

Cuentan las escrituras que las primeras señas judaicas en la Isla –aunque muy ocultas por temor a los inquisidores– compartieron la pubertad de la Colonia.[6] Pero no es hasta el ocaso del siglo XIX que pueden apreciarse de forma más nítida los arribos desde el sur de La Florida. Eran ashkenazitas, principalmente rumanos, que se desempeñaban como comerciantes y que ubicaron sus negocios en céntricos puntos habaneros. Algo que ocurriría también con "expatriados" ashkenazitas y sefarditas de Turquía y Marruecos. ¡Todo conducía a un próspero devenir! De ahí la creación de la United Hebrew Organization, la que centraba sus aspiraciones en lo que sería, sin duda alguna, la República burguesa.

Las motivaciones provocadas por el renacer del hogar nacional palestino y la progresión del yishuv[7] cubano, traería como resultado el surgimiento del movimiento sionista insular[8] guiado por David Bliss, un empresario de origen ruso. Desde sus oficinas en la Manzana de Gómez, Bliss se preocupó por obtener, en tiempos republicanos, un voto para la comunidad, además de fundar el primer Cementerio Judío entre 1906-1910, lugar donde reposan sus propios restos.

La primera sección de este espacio, destinada a las honras fúnebres de los ashkenazitas, se localiza en la ladera de una loma en la Villa de Guanabacoa. Durante los próximos treinta años se levantaría un segundo escote para las sepulturas sefarditas. Cuenta un viejo vecino que, "inicialmente las áreas

[6] "Reconocidos sólo a riesgo propio, siempre hubo una minoría de judíos en Cuba, aparte del inconmensurable aporte semita [...] durante siglos a la sangre española (unos 300 000 conversos quedaron en la madre patria)." Reinaldo Sánchez Porro: "Tradición y modernidad: Los judíos en La Habana" en **Cuaderno de Historia Contemporánea**, nº 18, Universidad Complutense de Madrid, 1996.

[7] Palabra que, en hebreo, significa comunidad judía.

[8] "Para entonces [...] la diáspora era activada por la propaganda del movimiento sionista en torno [...] al ideario de Teodoro Herzl, que reelaborando convenientemente las tradiciones comunales, preconizaba un renacimiento estatal de judíos en la Palestina árabe [...] encontrando un acomodo en la política británica para el área. La comunidad [...] en Cuba no fue una excepción." Reinaldo Sánchez Porro: "Tradición y modernidad: Los judíos en La Habana" en **Cuaderno de Historia Contemporánea**, nº 18, Universidad Complutense de Madrid, 1996.

destinadas a entierros compradas por el yishuv, se extendían a ambos lados de la línea férrea. Hoy, desde esta elevación, puedes ver la plazoleta al otro lado del paso del tren convertida en Paradero de Ómnibus Locales. […] Lo mismo sucedió al triunfo de la Revolución en el 59, cuando ésta censuró y le arrebató a nuestra comunidad –la que antes de esta fecha, ya tenía voz determinante en nuestra cultura política, económica y social– casi todas sus propiedades y templos[9] de culto".

9 En 1953 fue construida la Gran Sinagoga Bet Shalom en 13 esquina a I, El Vedado, parte de este sitio actualmente es un teatro. Entre los años 1954 y 1960 se edifica el Centro Hebreo Sefardí (la esquina de 17 y E, El Vedado), parte del cual pertenece actualmente al Ministerio de Cultura.

Con el estallido de la Primera Guerra Mundial, otra oleada de judíos procedentes de Europa arriba al archipiélago para escapar de los ghettos de Rusia, Polonia y Lituania. Cientos de hebreos pisan nuestros muelles, algunos sólo hacen escala para luego continuar a los Estados Unidos y otros, como la familia Nisenbaum, echan aquí su suerte seducidos por la "tierra prometida". Nacido el 13 de septiembre de 1914, llega Samuel Nisenbaum a la Isla en brazos de su madre. Durante su niñez se fundan la Organización Sionista y el Centro Hebreo de Cuba (1924), instituciones que junto a varias publicaciones, educaban a descendientes hebreos, como el ashkenazita Nisenbaum. Por él pondría yo mi rodilla en la tierra del citado cementerio cinco años después de su sepelio el 28 de noviembre de 1995.

Episode 4
EUROPE-FLORIDA-HAVANA

Writings state that the first indications of Judaism on the Island—although well hidden for fear of the Inquisitors—shared in the Colony's puberty.[6] But it was not until the close of the nineteenth century that Jewish arrivals from the south of Florida can most clearly be appreciated. They were Ashkenazis, mainly Romanians, who worked as merchants and located their businesses in the central areas of Havana. This is the same thing that would occur with the "expatriate" Ashkenazis and Sephardim from Turkey and Morocco. It would all lead to a prosperous future! And thus the United Hebrew Organization was formed, which centered its aspirations on what would later undoubtedly become the bourgeois Republic.

The rebirth of a national homeland in Palestine and the growth of the Cuban *yishuv*[7] would result in a surge in the Zionist movement on the Island, which was led by David Bliss, a businessman of Russian origin.[8] From his offices in Manzana de Gómez, Bliss concerned himself with obtaining, during the Republican period, a vote for the community, and founding, between 1906 and 1910, the first Jewish cemetery, where his remains are at rest.

The first section of the cemetery was designated for the funeral honors of the Ashkenazis and is located on the side of a hill in Villa de Guanabacoa. During the next thirty years a second ring would be constructed for the graves of the Sephardim. An old neighbor recounts that, "At first the areas designated for burials that were bought by the *yishuv* ran along both sides of the railroad tracks. Nowadays, from this elevation, you can see the small plaza on the other side of where the train runs that has been converted into a stop for the local buses. [...] The same thing happened with the triumph of the Revolution in '59. The Revolution censured and seized from our community—which before that date already had a determining voice in our political, economic, and social culture—almost all of its property and temples[9] of worship."

With the outbreak of the First World War, another wave of Jews from Europe arrived on the archipelago to escape from the ghettos of Russia, Poland, and Lithuania. Hundreds of Jews disembarked onto our docks; some were merely making

---

[6] "Recognized at their own risk, there was always a minority of Jews in Cuba, aside from the immeasurable Semitic contribution [...] to Spanish blood for centuries (some 300,000 converts remained in the mother country)." Reinaldo Sánchez Porro: "Tradición y modernidad: Los judíos en La Habana," in **Cuaderno de Historia Contemporanea**, no. 18 (Universidad Complutense de Madrid, 1996).

[7] Hebrew term meaning Jewish community.

[8] "At the time [...] the diaspora was activated by the Zionist propaganda around it [...] according to the ideology of Theodore Herzl, who by conveniently restating communal traditions, proposed the rebirth of a Jewish state in Arab Palestine [...] and found an opening in the British policy for the area. The community [...] in Cuba was no exception." Reinaldo Sánchez Porro: "Tradición y modernidad: Los judíos en La Habana" in **Cuaderno de Historia Contemporanea**.

[9] In 1953 the Gran Sinagoga Bet Shalom was built at 13 esquina a I, El Vedado; part of this site is now a theatre. Between the years of 1954 and 1960 the Centro Hebreo Sefardi was built (the corner of 17th and E, El Vedado), part of which now belongs to the Ministry of Culture.

12

a stop before continuing on to the United Sates, and others, like the Nisenbaum family, tried their luck here, seduced by the "promised land." Born on the 13th of September 1914, Samuel Nisenbaum arrived on the Island in his mother's arms. During his childhood, the Organización Sionista and the Centro Hebreo de Cuba (1924) were founded, institutions that, along with various publications, educated those of Jewish extraction, like the Ashkenazi Nisenbaum. I would kneel down on the ground for him in the aforementioned cemetery five years after his burial on November 28, 1995.

IMÁGENES | **IMAGES**

8 Entrada del Cementerio Judío fundado en la Villa de Guanabacoa en 1906, sitio donde se realizara la intervención *Lampo sobre la runa* en el año 2000. Foto actual.

9 Judíos recién llegados a la Isla en la década de 1920. Cortesía de una familia judía.

10 Comienzo de construcción de la tumba de Samuel Nisenbaum en el Cementerio Judío. Intervención *Lampo sobre la runa*.

11 De derecha a izquierda (n°6) Samuel Nisenbaum (1914-1995) reunido con sus colegas en la oficina del ramal en 1949. Recorte de prensa de la familia Nisenbaum. Cortesía de la familia.

12 Proceso de la intervención *Lampo sobre la runa*.

8 Entrance to the Jewish Cemetery founded in the town of Guanabacoa in 1906, where the *Flash over the Rune* intervention would be carried out in the year 2000. Current photo.

9 Recently arrived Jews to the Island in the decade of 1920. Courtesy of a Jewish family.

10 The initial stages of construction of Samuel Nisenbaum's tomb in the Jewish Cemetery. *Flash over the Rune* intervention.

11 From right to left (#6): Samuel Nisenbaum (1914–1995) reunited with his colleagues in the branch office in 1949. Press clipping from the Nisenbaum family, courtesy of the family.

12 *Flash over the Rune* intervention process.

Episodio 5
"HABRÁ ZAFRA O HABRÁ SANGRE"

El falso rumor de que Gerardo Machado[10] renunciaba a su mandato promovía la avalancha de "las masas populares sobre las calles de La Habana el 7 de agosto de 1933".[11] El 12 de agosto el país amanecía bajo el legado de la parálisis de obras públicas, y la zozobra por conseguir 1 peso diario. Machado y su familia terminan por abandonar la Isla.

Un grupo de estudiantes, soldados y miembros del Partido ABC –fuerza política casi aliada al fascismo fundamental por la acción– dan un Golpe Militar en Columbia, destronando el 4 de septiembre, al efímero gobierno que estableciera el hijo del Padre de la Patria.[12] Habían entrado por la Posta Nº 6 de Columbia comandados por el sargento mulato Fulgencio Batista y Zaldívar, quien en una semana portaría galones de General. ¡Entran, publican su manifiesto, hablan en nombre de la Organización Revolucionaria de Cuba!

Batista iniciaría su política con la entrega de tierras a los campesinos y comenzaría un Plan Trienal, encaminado a reestructurar las condiciones económicas y socio-políticas de la nación. Asimismo, estimularía un programa para crear escuelas rurales a partir del establecimiento de un impuesto de $0,09 por saco de azúcar, y de un nuevo slogan: "¡Habrá Zafra o Habrá Sangre!"

Fueron erigidos varios institutos cívico-militares y se comienza, en 1934, la fase de reconstrucción de la futura Ciudad Militar Columbia. Las barracas de madera se transformaron en espaciosos pabellones de mampostería, realzados por anchas calles que definían las funciones de cada área. Una vez construidas las casas de los sargentos y oficiales, Batista levanta la suya propia dispuesto a intimar con el acuartelado ejército. Una tintorería, una fábrica de conservas, oficinas de correos y telégrafos y hasta una planta eléctrica completaban el recinto, cerca del cual se encontraba, por demás, el Hospital Militar. Allí radicaría, como la sagrada familia, el Cuartel General del Ejército Constitucional de la República que en 1936 dejara inaugurado este proyecto con su propia base aérea militar en la retaguardia.

---

10 Miembro del Ejército Libertador entre 1895-98, pasa a formar parte de la General Electric Co. en la década del 20. Luego, ocupa el poder presidencial desde 1925 y durante casi nueve años, mereciendo el sincero aplauso del pueblo durante los primeros lustros por su acción constructiva. Sin embargo, terminaría por convertirse en otro dictador al reformar la Constitución de la República en provecho propio y perpetuar numerosos crímenes políticos.

11 Cintillos de prensa de la época.

12 Carlos Manuel de Céspedes y de Quesada -hijo de Carlos Manuel de Céspedes- pasó de París a New York bajo las órdenes de Estrada Palma, quien le facilitó el regreso a Cuba el 25 de octubre de 1895 y su incorporación a la lucha independentista.

15

16

Episode 5
"THERE WILL BE A SUGAR HARVEST OR THERE WILL BE BLOOD"

The false rumor that Gerardo Machado[10] was resigning his mandate gave rise to an avalanche of "masses in the streets of Havana on the 7th of August 1933."[11] On the 12th of August the country awoke to the aftermath of a public works stoppage and worries about covering day-to-day expenses. Machado and his family ended up leaving the Island.

A group of students, soldiers, and members of the ABC Party, a political force almost allied, through action, with fundamental fascism, carried out a military coup in Columbia. On the 4th of September the ephemeral government that had been established by the son of the Father of the Nation[12] was overthrown. They had entered through Columbia's Post No. 6, commanded by the mulatto sergeant Fulgencio Batista y Zaldívar, who in one week would wear a general's ribbons. They enter, publish their manifesto, and speak in the name of the Cuban Revolutionary Organization!

Batista would initiate his politics with the handing over of land to the peasants, and he would begin a Three-Year Plan, directed toward restructuring the economic and social-political conditions of the nation. Likewise, he would stimulate a program to create rural schools on the basis of a tax of .09¢ per sack of sugar and a new slogan, "There will be a sugar harvest or there will be blood!"

Various civil/military institutes were built, and in 1934 the reconstruction phase of the future Columbia Military Base. The wooden barracks were transformed into spacious cement buildings, built along wide streets that defined the function of each area. Once the housing for the sergeants and officers was constructed, Batista built his own in such a way that he could be in close contact with the soldiers in the barracks. A dry cleaner, a canning factory, telephone and telegraph offices, and even an electric plant completed the compound; nearby was the military hospital. This is where, as if it were the Holy Family, the General Headquarters of the Army of the Constitutional Republic would be situated and where, in 1936, they would dedicate this project. with its own military air base in the rear.

---

10 Member of the Liberating Army between 1895 and 98, goes on to form part of General Electric Co. in the twenties. Later, he held presidential power from 1925 for almost nine years, deserving the sincere applause of the public during the first lustrum for his constructive work. Nevertheless, he would end up turning into yet another dictator, reforming the Republic's Constitution to his own advantage and perpetuating numerous political crimes.

11 Clippings from the press at that time.

12 Carlos Manuel de Céspedes y de Quesada–son of Carlos Manuel de Céspedes–went from Paris to New York on the orders of Estrada Palma, who facilitated his return to Cuba on the 25th of October, 1895, and his joining the fight for independence.

IMÁGENES | **IMAGES**

13 Insignia utilizada por organizaciones pro fascistas en la Isla. Recorte de prensa.
14 El general Fulgencio Batista visita New York meses después del Golpe de Estado Militar de 1933. Recorte de prensa.
15 Fachada de la escuela primaria Seguidores de Camilo, localizada en la antigua Ciudad Militar Columbia, hoy proyecto educacional Ciudad Escolar Libertad.
16 Proceso de la intervención *Controversia con el ghetto* en la escuela primaria Rubén Bravo, realizada en 1999. Ambiente derruido del baño de las niñas.
17 Proceso de la intervención *Controversia con el ghetto* en la escuela primaria Rubén Bravo. Baño de los niños en desuso.

13 General Fulgencio Batista visits New York months before the military coup of 1933; press clipping.
14 Insignia used by the pro-fascist organizations on the Island. Press clipping.
15 Façade of primary school, Followers of Camilo, located on the old Columbia Military Base, which is now the educational project Liberty School Complex.
16 The *Controversy in the Ghetto* intervention process in primary school Rubén Bravo, carried out in 1999; dilapidated condition of the girls' bathroom.
17 The *Controversy in the Ghetto* intervention process in primary school Rubén Bravo; unused boys' bathroom.

Episodio 6
TODO PARTO ES INDUCIDO

18

Finalmente electo el Partido Revolucionario Cubano (P.R.C.) en 1944, supuestamente sin ningún compromiso oscuro, aprueba la Regulación del Diferencial Azucarero, encaminada a emplear parte del elevado ingreso monetario procedente de la azúcar vendida a los especuladores del Norte, para elevar el salario de los obreros.

Bajo este espejismo, a 254 kilómetros de la capital, en la occidental provincia de Cienfuegos, la señora Estrella Mederos daba a luz una bebé el 17 de diciembre de 1944. Antonio Mas González, el padre de la recién nacida y soporte del humilde hogar, formaba parte de esa masa que pronto quedaría desencantada con los truculentos canjes del partido soñado por el Apóstol.[13]

Con el florecimiento de la primavera de 1946, la presidencia de Grau[14] iniciaba su cacería de brujas contra los obreros, y Eduardo Chibás decidía dejar las filas del P.R.C. del que fuera dirigente desde el 33. Mientras tanto, en las afueras de La Habana, en el poblado de San José de las Lajas, se advertía un nuevo Oratorio a San Juan Bosco, edificado sobre los cimientos de la Primera Iglesia[15] destruida en la década del 20.

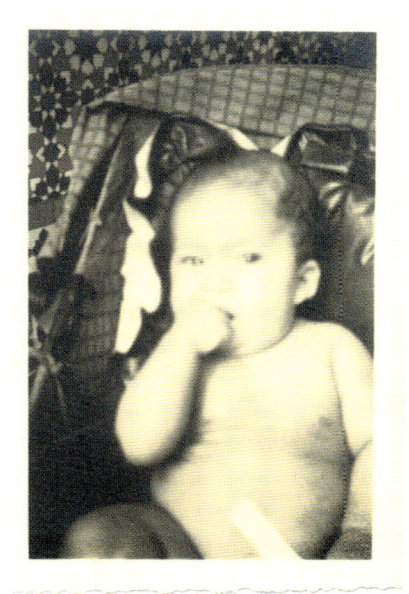

[13] Sustantivo bíblico adjudicado a José Martí.
[14] El 5 de septiembre de 1933 se organiza el Gobierno de la Pentarquía del que forma parte el Dr. Ramón Grau San Martín. En cinco días renunciaban dos de sus integrantes y Grau era designado presidente provisional, cargo que ocuparía hasta enero de 1934. Diez años después llegaría nuevamente al poder elegido, al frente del P.R.C., llamado también Partido del Pueblo.
[15] San José de las Lajas se reconoce como pueblo gracias a la edificación de un templo católico erigido contiguo al camino Habana-Güines. Su levantamiento se registra el 16 de mayo de 1788, gracias a la inversión realizada por Don Luis Roque y Don Manuel Facenda. En el frente y lateral derecho de la capilla se advierte una plaza presidida por una campana amarrada en la cima de una horca de madera. Las áreas del fondo y del costado izquierdo del patio de la parroquia, estaban destinadas a dar sepultura a los difuntos locales. Las parcelas de enterramiento eran subdivididas entre familias pudientes y sus esclavos domésticos, otro espacio para gente común y un último, bien delimitado, para "libre pensadores" y suicidas. Tal función se ejecutó en dicho sitio hasta 1841, fecha en que se construye un nuevo camposanto bautizado como Antiguo Cementerio.

19

20

INVITACION

1946

El Oratorio Festivo invita por este medio a las autoridades y pueblo en general para la inauguración de su nuevo local y demás actos que se celebrarán el próximo día 3 de febrero como tributo de amor y veneración a su fundador y titular

SAN JUAN BOSCO

en su festividad.

PROGRAMA

8 y 30 a. m.—El Ilmo. Mons. Arcadio Marinas, Gobernador Eclesiástico S. P. de la Arquidiócesis de la Habana celebrará Misa de Comunión General en la Iglesia Parroquial.

9 y 30.—Organización frente a la Iglesia de todas las Instituciones Católicas para desfilar en dirección al nuevo local en donde el Ilmo. Mons. Arcadio Marinas, en representación del Emmo. y Rvdmo. Sr. Cardenal Arzobispo de la Habana, ausente en Roma, hará la Bendición litúrgica del lugar, celebrándose a continuación la primera Misa por nuestro digno párroco señor Pbro. Angel Pérez Varela.

12 m.—Desfile de Boy Scouts en el que se presentará a más de las Tropas visitantes la número 1 de esta localidad recientemente reorganizada en el Oratorio Festivo.

3 p. m.—Los Oratorianos ofrecen al Comité de Cooperadores y demás bienhechores un acto Artístico Cultural, sencillo testimonio de gratitud.

6 y 30.—Solemne PROCESION pública con la venerada imágen de San Juan Bosco, que saldrá del Oratorio y después de recorrer las calles de la población terminará en la Iglesia Parroquial.

NOTA: Asistirán a estos actos entidades vecinas y serán amenizados por distintas Bandas de Música.

Se agradecen donativos para cubrir los gastos y pagar el hermoso cuadro de D. Bosco con los niños que hemos adquirido.

21

22

23

IMÁGENES | **IMAGES**

18 Cuerpo de la Guardia Rural de San José de Las Lajas. Foto de la década de 1940, Cortesía Jorge Garcel.
19 Foto de Conchita Mas Mederos con 10 meses de edad. Nacida el 17 de diciembre de 1944. Cortesía de la familia.
20 El Dr. Eduardo Chibás pronunciando uno de sus discursos. Recorte de prensa.
21 Invitación (1946) para la inauguración del Oratorio a San Juan Bosco en San José de las Lajas. Cortesía Jorge Garcel.
22 Primera Iglesia de San José de las Lajas fundada en 1788. Foto de 1902, Cortesía Jorge Garcel.
23 Fachada de piedra del llamado Antiguo Cementerio (1841) reconstruida en 1888. Foto de 1900, Cortesía Jorge Garcel.
24 Comienzo de la intervención *Kermesse al desengaño* realizada en el año 2001, en las áreas del patio de la Primera Iglesia de San José de las Lajas. Hoy escuela primaria Manuel Ascunce Domenech. Foto de la Cala de Excavación.

18 Rural Guard of San José de las Lajas; photo from the 1940s. Courtesy of Jorge Garcel.
19 Dr. Eduardo Chibas gives one of his speeches. Press clipping.
20 Photo of Conchita Mas Mederos at the age of ten months; she was born on December 17, 1944. Courtesy of the family.
21 Invitation (1946) for the inauguration of the San Juan Bosco Chapel in San José de las Lajas. Courtesy of Jorge Garcel.
22 The first San José de las Lajas church founded in 1788; photo from 1902. Courtesy of Jorge Garcel.
23 Stone façade of the so-called Old Cemetery (1841), rebuilt in 1888; photo from 1900. Courtesy of Jorge Garcel.
24 Beginning of the *Righting the Wrong Kermesse* intervention carried out in 2001, in the patio areas of the first San José de las Lajas church; today it is Primary School Manuel Ascunce Domenech. Photo from the excavation site.

Episode 6
ALL BIRTHS ARE INDUCED

When the Revolutionary Cuban Party (P.R.C.) was finally elected in 1944, supposedly without any back-door dealings, the Regulación del Diferencial Azucarero [Sugar Price Differential Law] was approved, with the intention of giving part of the excess profit from the sale of sugar to Northern speculators to augment the salaries of the workers.

In the thrall of this mirage, 245 kilometers from the capital in the western province of Cienfuegos, Mrs. Estrella Mederos was giving birth to a baby girl on December 17, 1944. Antonio Mas González, the father of the newborn and the breadwinner for the humble household, was part of the masses that would soon become disenchanted with the truculent bartering of the party dreamed up by the Apostle.[13]

With the flowering of the spring of 1946, the presidency of Grau[14] began its witch hunt against the workers, and Eduardo Chibás decided to leave the ranks of the P.R.C., which he had directed since 1933. Meanwhile, on the outskirts of Havana, in the town of San José de las Lajas, one noticed a new Chapel of San Juan Bosco built on the foundations of the Primera Iglesia, which had been destroyed in the twenties.[15]

---

[13] A biblical title bestowed upon José Martí.

[14] On the 5th of September 1933, the Gobierno de la Pentarquía was formed and included Dr. Ramón Grau San Martín. Within five days, two of the members resigned, and Grau was designated Provisional President, a position he held until January of 1934. Ten years later he again would be elected to power as the head of the P.R.C., also known as the Partido del Pueblo (The People's Party).

[15] San José de las Lajas was recognized as a town due to the construction of the Catholic church built along the Havana-Güines road. Its construction was registered on May 16, 1788, and was made possible by an investment from Don Luis Roque and Don Manuel Facenda. In the front and right side of the chapel one notices a plaza presided over by a bell tied to the top of a wooden beam. The areas to the rear and the left side of the churchyard were designated for the burial of the deceased locals. The burial lots were subdivided among the powerful families and their domestic slaves. Another area was for the common folk, and a last area, well defined, was for the "free thinkers" and suicides. This is how the functions were carried out in said place until 1841, at which time a new cemetery was built and baptized as Antiguo Cementerio (Old Cemetery).

24

Episodio 7
¡REVOLUCIÓN NO, ZARPAZO!

1952, 10 de marzo, 2:40am hora local. ¡El senador Batista violenta otra vez la Posta Nº 6 de Columbia! Días después levanta un muro con tal profecía: "sólo yo, campesino, sargento, general, senador y presidente, puedo entrar dos veces por el mismo lugar". Al amanecer no se había escuchado ni un disparo, sólo este haiku personal: "aún nos persigue, pero no nos sorprende, la herencia del caudillismo".

Cuenta la historia que la acción estuvo destinada a quitarle el triunfo a las masas populares y desactivar todo el apoyo que daban al Partido Ortodoxo para su victoria electoral. Cosa que no creo, pues ya para este año el líder partidista Eduardo Chibás era menos que un ideal. Ya que, en agosto de 1951, once meses antes de ir a las urnas, Chibás —cuyos restos descansan en la Necrópolis Cristóbal Colón[16], a dos cuadras del panteón de la Sociedad de Conductores de Carros y Camiones de La Habana (1924)— se suicida. Una decisión que se cree haya sido promovida por su rechazo a la aguda corrupción de su tiempo. ¡Si la tiráramos al aire, probablemente alguna cara oscura se le pudiera encontrar a esa moneda! Además, ¡No creo que en tierra de patriarcas un líder abandone a los aduladores de su vanidad tan fácilmente! Como dijera Ramón[17], "En este partido lo preocupante no era el consabido pronorteamericanismo, sino la corrupción y deudas personales contraídas con la mafia, en las cuales no sé si sería bueno asegurar que Chibás no estuviese enrolado al igual que algunos de sus colegas. [...] Desde aquel día en que su mano disparó —algo que nadie escuchó a pesar de excitar la mente de las masas y la imaginación de la opinión pública— el desenlace no deja de parecerme más cobarde que patriótico".

[16] En el Vedado inmediato a la esquina de 23 y 12 -lugar donde muchos años después, el 15 de abril de 1961, sería proclamado el carácter socialista de la que inicialmente fuera Revolución Popular Cubana- se colocaba en 1871 el primer sillar de la majestuosa Necrópolis Cristóbal Colón. En 1868 es erigida la cimbra de madera, decorada con encinas, laureles y banderas; y comienzan a realizarse conjuntos al levantamiento del terreno, los primeros enterramientos. En 1871 comienza el tortuoso capítulo de su edificación, concluida en 1886. El trazado de la Necrópolis, diseñado por el arquitecto español Calixto Rey de Loira, reproduce la tipología del Campamento Romano. Loira proyectaría también el primer panteón del recinto: la Galería de Tobías, lugar donde reposan sus restos desde 1872.

[17] Hijo de un simpatizante del Partido Ortodoxo, cuando el Golpe de Estado del 52 tenía 16 años. En 1959 se suma al proceso revolucionario con su padre y hermanos y en 1964 emigra a Miami.

25

26

27

Episode 7
JUST A SMACK, NOT A REVOLUTION

March 10, 1952, 2:40 a.m. local time. Once again Senator Batista forces his way into Columbia Post No. 6. Days later a wall is built with the prophecy: "Only I, peasant, sergeant, general, senator, and president can enter the same way twice." At sunup not so much as one gunshot had been heard, just this personal haiku: "It still persecutes us, but it does not surprise us, the legacy of rule by *caudillos*."

History tells us that this action was designed to take the victory away from the masses and deactivate all the support that they gave to the Partido Ortodoxo for the electoral victory. I don't believe it, because the party leader for that year was Eduardo Chibás, who was less than ideal. So in August of 1951, eleven months before going to the voting booths, Chibás —whose remains are in the Necrópolis Cristóbal Colón,[16] two blocks from the pantheon of the Sociedad de Conductores de Carros y Camiones de La Habana (1924) [Society of Car and Truck Drivers of Havana]– commits suicide, a decision that is believed to have been provoked by his rejection of the pervasive corruption of the time. If we look hard enough, we can find the dark side to any situation! Moreover, I don't believe that in a land of patriarchs a leader would so easily abandon those who play to his vanity! As Ramón[17] said, "In this party what was worrisome was not the well-known pro–North American sentiment, but rather the corruption and personal debts to the mafia, and I don't know if it would be good to find out if Chibás was caught up in that like some of his colleagues. [...] Since the day his finger pulled the trigger—something no one heard despite the excitement caused in the minds of the masses and the imagination of public opinion—the outcome has seemed to me more cowardly than patriotic."

16 In Vedado, right on the corner of 23rd and 12th, a place where many years later, on April 15, 1961, the socialist nature of what was initially the Popular Cuban Revolution would be proclaimed, the cornerstone of the majestic Necropólis Cristóbal Colón was placed in 1871. In 1868 the wooden center arch, decorated with oaks, laurels, and flags, was raised, and with the start of the land survey, the first burials were performed. In 1871 the torturous chapter of its construction starts; it is finished in 1886. The outline of the Necropólis, designed by the Spanish architect Calixto Rey de Loira, is that of a Roman camp. Loira also planned the first mausoleum in the space: the Galería de Tobías, where his remains have rested since 1872.

17 Son of a sympathizer of the Partido Ortodoxo; at the time of the Coup of '52, he was sixteen years old. In 1959 he joined the revolutionary cause with his father and brothers, and in 1964 he immigrated to Miami.

29

IMÁGENES | IMAGES

25 Fulgencio Batista con el general Cantillo, momentos antes del Golpe de Estado Militar del 10 de marzo de 1952. Recorte de prensa.
26 Vista interior del pórtico de la Necrópolis Cristóbal Colón (1871-1886), sitio donde se realizara la intervención *Los que cavan su pirámide* entre 1999-2000. Foto actual.
27 Panteón del Sindicato de Conductores de Carros y Camiones de La Habana, ubicado en la Necrópolis Cristóbal Colón (1924). Sitio donde se realizara la exhumación del obrero Antonio J. Jiménez el 30 de marzo del 2000, como parte de la intervención *Los que cavan su pirámide*.
28 Urna que resguarda los restos del difunto Antonio J. Jiménez, depositada en el Panteón del Sindicato de Conductores de Carros y Camiones de La Habana en la Necrópolis Cristóbal Colón.
29 Restos óseos de Antonio J. Jiménez.

25 Fulgencio Batista with General Cantillo moments before the military coup of March 10, 1952. Press clipping.
26 Interior view of the portico of the Christopher Columbus Cemetery (1871–1866), the site where the intervention *Those Who Dig Their Own Pyramids* was carried out between the years of 1999 and 2000. Current photo.
27 Mausoleum of the Society of Car and Truck Drivers of Havana, located in the Christopher Columbus Cemetery (1924), the place where worker Antonio J. Jiménez would be exhumed on March 30, 2000, as part of the *Those Who Dig Their Own Pyramids* intervention.
28 The urn containing the remains of Antonio J. Jiménez; deposited in the Mausoleum of the Society of Car and Truck Drivers of Havana in the Christopher Columbus Cemetery.
29 The remains of Antonio J. Jiménez.

Episodio 8
APUNTES DESDE UN FERRY

En la avenida 54 n° 5707 de la ciudad de Cienfuegos, se levanta una mansión ecléctica que perteneciera al Sr. Jorge Fernández Escarza, antiguo administrador de la Co. de Electricidad en la provincia, quien viajara con frecuencia a Washington, donde –según atestiguan– adquirió los planos de esta construcción a inicios de los años 50. Tras la muerte del magnate, sus herederos vendieron el recinto al propietario del tostadero de café "El Sol", el Sr. José Piñero, y abandonaron el país.

Por otra parte, San José de las Lajas se había convertido en la alcaldía más industrial de la Provincia Habana, municipio que ya contaba con fábricas productoras de aluminio, pinturas, gomas de automóviles y una cantera de materiales de construcción. En consecuencia con tal progreso, varias familias enviaban sus hijas a estudiar en el colegio privado Amor de Dios, fundado por la homónima orden religiosa al comprar y reformar, una vez más, las áreas[18] del Oratorio de San Juan Bosco.

Próximos a 1955, el Congreso estadounidense se reúne para aprobar la solicitud de uno de sus representantes quien expresaba: "el gobierno de Washington tiene que vetar la venta de azúcar por parte de Cuba al Occidente Socialista". ¿Sería esto un presagio bajo su propio techo…? A la par de este suceso se compraba en México el yate Gramma[19], que desembarcaría en nuestras playas en el invierno del siguiente año.

Febrero del 58. Otra vez por Cienfuegos, pero esta vez es Conchita Mas Mederos que escucha la radio: ¡…Aquí Radio Rebelde… se pronuncia en desacuerdo con la intromisión de los Estados Unidos en la situación nacional…! "[E]n la víspera de sus catorce años Conchita dejó de ser una niña, terminó el sexto grado y comenzó estudios en la Escuela de Comercio de esta ciudad […] además de trabajar como sirvienta doméstica para una familia rica y así aliviar un poco la situación de su casa. […] ¡Se incorporó a la lucha clandestina para recaudar fondos con destino a agilizar la invasión del Ejército Rebelde! […] A la que muchos adolescentes le habían ofrendado más de una plegaria por su triunfo"[20].

---

[18] Mª Antonia recuerda que su abuelo les contaba "que […] al trasladar los muertos a este mismo patio, la gente asustada por las epidemias […] se despertaba a las cinco de la madrugada a mirar por las hendijas de las tablas de las casas". Esto no era más que una de las consecuencias de la estrategia de Reconcentración empleada por el militar español Valeriano Weyler, el Marqués de Tenerife, a partir del 16 de febrero de 1896, destinada a concentrar forzosamente a la población rural en los centros urbanos. El 1º de enero de 1897 son reconcentrados en San José todos los habitantes de los campos y de la zona externa a la línea fortificada. Las estadísticas de marzo de 1897 reportan 423 nacidos y 4 333 defunciones, con un promedio de 25 muertes diarias; para el 7 de diciembre se reporta una cifra de 5 405 reconcentrados y 2 871 fallecidos desde la fecha inicial. Por tal motivo es estipulado, el día 12 de febrero de 1897 agrandar, una vez más, el Antiguo Cementerio. Demuele el muro lateral derecho, para extender las dimensiones del camposanto a un área de 2 980 metros cuadrados, donde se cavarían fosas comunes para las víctimas. Una descendiente de la familia Menció, natural de San José de Las Lajas, contaba que: "Weyler durmió una noche en mi casa, en tiempos de mi abuelo. […] Y a la mañana siguiente, antes de irse y luego de tomar el té, él afirmó: me voy convencido de haber dormido en un campamento mambí". Tal testimonio corrobora el hecho de que San José fuera uno de los pocos poblados que salieran ilesos de los incendios propagados por los insurrectos.

[19] Yate en el que desembarcó Fidel Castro, acompañado de 82 hombres para reiniciar la lucha armada en la Sierra Maestra.

[20] Testimonio de una vecina del barrio San Lázaro de Cienfuegos.

Comandancia de Armas de San José de las Lajas

El Excmo. Sr. Gobernador Capitán General de esta Isla y General en Jefe de este Ejército, se ha servido con fecha de ayer dictar el siguiente

BANDO

DON VALERIANO WEYLER Y NICOLAU, Marqués de Tenerife, Gobernador Capitán General de la Isla de Cuba y General en Jefe de este Ejército etc., etc.

HAGO SABER: Aprovechándose los enemigos del estado transitorio de incomunicación en que se encuentran las Capitales de los distritos con el resto de las provincias, inventan y propalan noticias que llevan á los ánimos el desasosiego y la alarma, mientras que otras más osadas prevaliéndose del efecto que producen tan pueriles invenciones, procuran y han conseguido más de una vez, seducir á los llanos é ignorantes, arrastrándolos á las filas de la rebelión.

Decidido siempre á que las leyes se cumplan, con objeto de dar á conocer de un modo expreso disposiciones vigentes, de frecuente aplicación en las circunstancias por que la Isla atraviesa, y á fin de puntualizar el alcance de aquellas en ciertos particulares, adaptándolas á las exigencias de la guerra, en uso de las facultades que me concede el art. 12, artículo 7.° del Código de Justicia Militar y la ley de Orden Público de 23 de Abril de 1870

ORDENO Y MANDO:

Quedan sujetos á la jurisdicción de guerra, los que se hallen comprendidos...

1.° Que inventen ó propalen por cualquier medio, noticias ó especies directa... reos de delito contra la seguridad de la Patria, comprendido en el art... las operaciones del enemigo.

2.° Que destruyan ó causen deterioro en las vías férreas, líneas telegráficas... las comunicaciones, cortando puentes ó destruyendo carreteras.

3.° Que incendien en poblados ó despoblados, ó produzcan estragos com... vigente en esta Isla.

4.° Que vendan, proporcionen, conduzcan ó entreguen armas ó municiones... poder, toleren ó intervengan en su introducción por las Aduanas, exigién... dos de ellas que no las hubieren decomisado á su importación.

5.° Que como telegrafistas comuniquen los telegramas que referentes á... go deban conocerla.

6.° Que de palabra, por medio de la prensa ó en cualquier otra forma, depri... beros ó de cualquier otra fuerza que opere con el Ejército.

7.° Que por iguales medios traten de ensalzar al enemigo.

8.° Que le faciliten caballos, ó cualquier otra clase de ganado y en general...

9.° Que le sirvan de espías, á los cuales se aplicarán con todo rigor el precepto...

10. Que se presten á ser guías, si no se presentasen inmediatamente desp... ticias justifiquen su lealtad.

11. Que adulteren los víveres para el Ejército ó maquinasen para alterar el...

12. Que por medio de explosivos cometan los delitos á que se refiere la ley de 10 de Julio de 1894, hecha extensiva en esta Isla por Real Decreto de 17 de Octubre de 1894, por considerar que estos delitos afectan al orden público... con arreglo á lo cual dejo expeditas á las autoridades civiles sus faculta... 3.° Libro 2.° del Código penal común, cuando los presuntos culpables...

13. Los que por medio de palomas mensajeras, cohetes ó señales, proporcio... noticias al enemigo.

14. Los delitos anteriormente enumerados que tengan señalada por la ley pe... de muerte ó perpetua, serán juzgados en procedimiento sumarísimo

15. Quedan derogados cuantos bandos y órdenes se opongan al cumplimien... to.—Habana 16 de Febrero de 1896.—Valeriano Weyler.

Lo que se hace público por este medio, para general conocimiento de los habitantes de este Término.

San José de las Lajas, 17 de Febrero de 1896.

El Comandante de Armas.

32

33

34

35

36

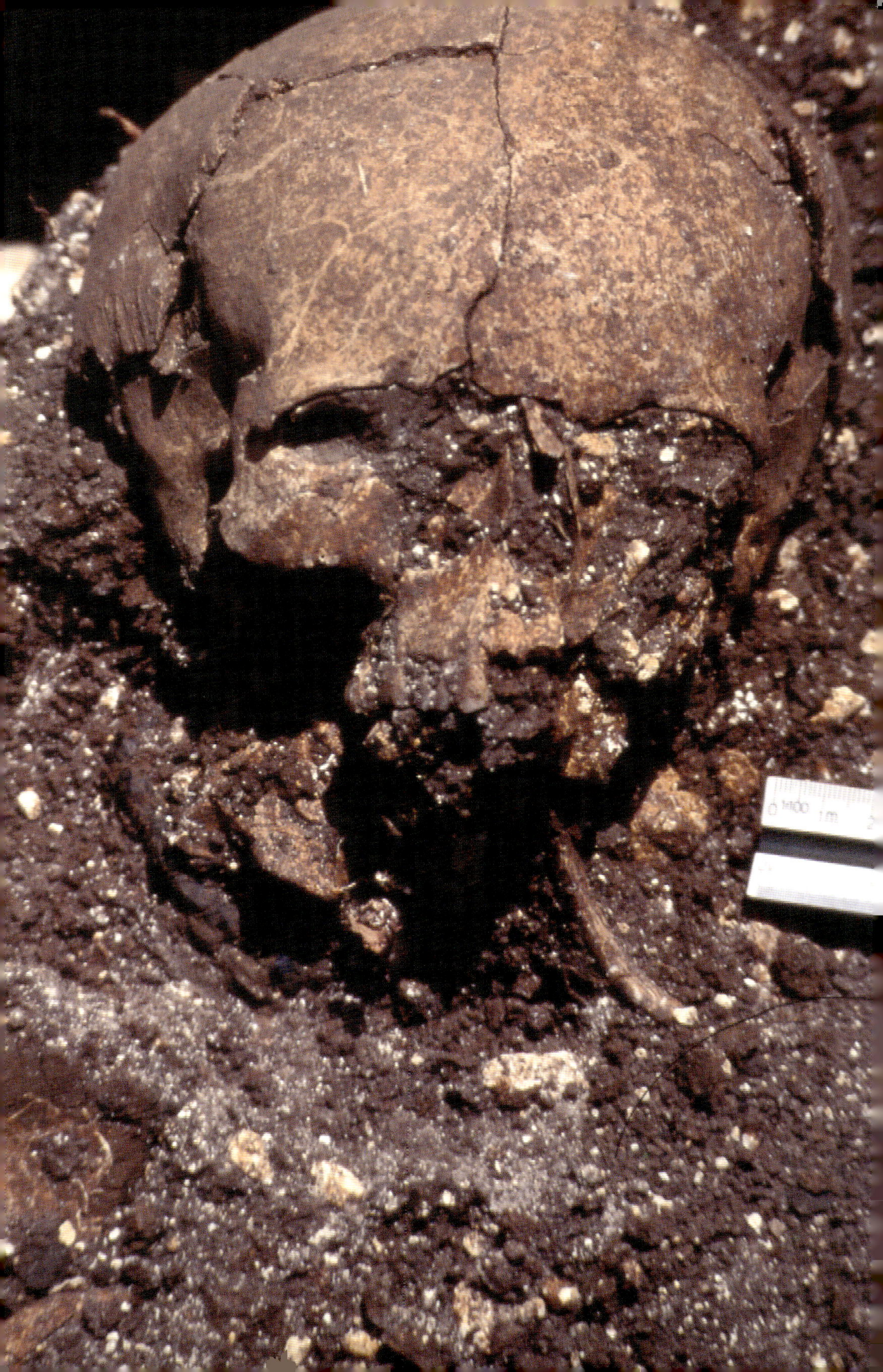

Episode 8
NOTES FROM A FERRY

On 54th Avenue, No. 5707, in the city of Cienfuegos, an eclectic mansion was built that belonged to Mr. Jorge Fernández Escarza, former director of the provincial Electric Co. who frequently traveled to Washington, where—according to testimony—he acquired the plans for the mansion's construction in the fifties. Upon the death of the magnate, his heirs sold the compound to the owner of the coffee roaster "El Sol," Mr. José Piñero, and left the country.

On the other hand, San José de las Lajas had become the most industrialized town in the province of Havana; it had factories that produced aluminum, paint, and car tires, and a construction materials quarry. As a consequence of this progress, many families sent their daughters to study at the Amor de Dios private school, which was founded by the religious order of the same name which bought and remodeled once more the area of the San Juan Bosco chapel.[18]

Around 1955, the United States Congress met to approve the request of one of its members which stated that: "the government of Washington had to prohibit Cuba from selling sugar to the socialist West." Could this be a presage right under its own roof...? While this was occurring, the yacht *Gramma*[19] was being purchased in Mexico; in the winter of the following year, there would be a disembarkation from it onto our beaches.

February of '58. Once again in Cienfuegos, but this time it is Conchita Mas Mederos who is listening to the radio: ... This is Rebel Radio ... we are against the intervention of the United States in our national affairs ...! "On the eve of her fourteenth birthday, Conchita left her childhood, finished the sixth grade, and started studies at the city's Escuela de Comercio. [...] besides working as a domestic for a wealthy family and thus alleviating the situation at her home [...] she joined the clandestine fight to collect funds to expedite the invasion by the Rebel Army! [...] Many adolescents had done more than offer a prayer for its victory."[20]

---

[18] María Antonia recalls that her grandmother told them "that [...] when the dead were taken to this very yard, people, who were frightened by the epidemics, woke up at five in the morning to peep through the gaps in the siding boards of the houses." This was nothing more than a consequence of the relocation strategy employed by the Spanish military officer Valeriano Weyler, the Marqués de Tenerife, as of February 16, 1896. The purpose was to forcibly relocate the rural population into urban centers. On January 1, 1897, all of the rural residents and people who lived outside of the line of fortification were moved to San José. The statistics from March of 1896 indicate 423 births and 4,333 deaths, with an average of 25 deaths per day; on December 7, there were 5,405 people reported relocated and 2,871 deaths since the initial date. Therefore, on February 12, 1897, it is stipulated that once again the Antiguo Cementario (Old Cemetery) is to be enlarged. The right side wall is to be demolished so that the burial grounds can be enlarged to 2,980 square meters, so common graves can be dug for the victims. A descendant of the Mencío family, born in San José de las Lajas, stated that, "Weyler slept one night in my house, in my grandfather's times. [...] And the following morning, before leaving and drinking his tea, he stated, "I am sure I have slept in a Mambi [rebel] camp." Such testimony corroborated the fact that San José was one of the few towns that remained unharmed by the fires set by the rebels.

[19] The yacht from which Fidel Castro disembarked, accompanied by eighty-two men, to restart the armed resistance in the Sierra Maestra.

[20] Testimony of a female resident of the San Lázaro neighborhood of Cienfuegos.

39

76

40

IMÁGENES | **IMAGES**

30 Fachada del círculo infantil Conchita Mas Mederos, localizado en la ciudad de Cienfuegos. Antigua mansión de la familia Fernández Escarza y luego casa de vivienda de la familia del señor José Piñeiro hasta 1961. Sitio donde se realizara la intervención ¡A quitarse el antifaz! en el año 2000.

31 Bando de Reconcentración de 1896 firmado por el militar español Valeriano Weyler. Cortesía Museo Municipal de San José de Las Lajas.

32 Preparativos para la intervención ¡A quitarse el antifaz! en el círculo infantil Conchita Mas Mederos, de la ciudad de Cienfuegos.

33 Colegialas del colegio Amor de Dios en San José de las Lajas, década de 1950. Cortesía de María Antonia.

34 Hospital Militar (1897) habilitado para socorrer a civiles, durante la Reconcentración de Weyler. Cortesía Museo Municipal de San José de las Lajas.

35 Juego de Té con el que desayunara Weyler en su paso por San José de las Lajas. Colección de la Familia Menció.

36 Detalle del collar de azabache localizado alrededor de los restos del cráneo de la mujer de raza negra, hallados en la Segunda Cala de Excavación.

37 Primeros restos óseos hallados en la Segunda Cala de Excavación. Cráneo de mujer esclava de raza negra hallado durante la intervención arqueológica. Fechado entre 1788-1841, su disposición en la zona de enterramiento apuntaba hacia la pared del edificio, forma que concuerda con las escrituras de la época: "los enterramientos realizábanse con la cabeza señalando hacia la parroquia".

38 Restos de un ataúd de cedro encontrado en la Tercera Cala de Excavación. Fechado entre 1788–1841. Intervención Kermesse al desengaño realizada en las áreas del patio de la actual escuela primaria Manuel Ascunce Domenech.

39 Conchita juega con sus primos en las playas de Cienfuegos, su ciudad natal. Cortesía de la familia.

40 Comic nº 76 de un Juego de Postales editados en 1959 por la Revista Cinegráfico. Narra momentos de la invasión del Ejercito Rebelde en 1858. Colección de Familia.

30 Façade of the Conchita Mas Mederos Children's Daycare Center located in the city of Cienfuegos; formerly the Fernández Escarza family mansion and later the home of Mr. José Piñero's family until 1961; site where the Taking the Mask off! intervention would take place in the year 2000.

31 Removal Order of 1896 signed by the Spanish military officer Valeriano Weyler. Courtesy of the San José de las Lajas Municipal Museum.

32 Preparations for the Taking the Mask off! intervention in the children's Conchita Mas Mederos Daycare Center in the city of Cienfuegos.

33 Students from the Amor de Dios school in San José de las Lajas in the 1950s. Courtesy of María Antonia.

34 Military Hospital (1897) equipped to serve civilians during the Relocation period of Weyler; courtesy of the San José de las Lajas Municipal Museum.

35 Tea set used by Weyler when he passed through San José de las Lajas. From the Menció family collection.

36 Details of a jet stone necklace found near the cranial remains of the black woman found in the Second Area of Excavation.

37 The first human remains found in the Second Area of Excavation; the skull of a black female slave found during the archaeological intervention, dated between 1788 and 1841, placed in the burial ground pointing toward the building's wall in a way that concurs with the writings of that period: "Burials should be done with the head pointing toward the parish church."

38 Remains of a Spanish cedar coffin found in the Third Area of Excavation; dated between 1788 and 1841; the Righting the Wrong Kermesse intervention which took place in the playground areas of the current Manuel Ascunce Domenech Elementary School.

39 Conchita playing with her cousins on the beach of Cienfuegos, her native city. Courtesy of the family.

40 Comic No. 76, from a set of postcards edited in 1959 by Revista Cinegráfico; they recount moments of the Rebel Army invasion of 1958. Family collection.

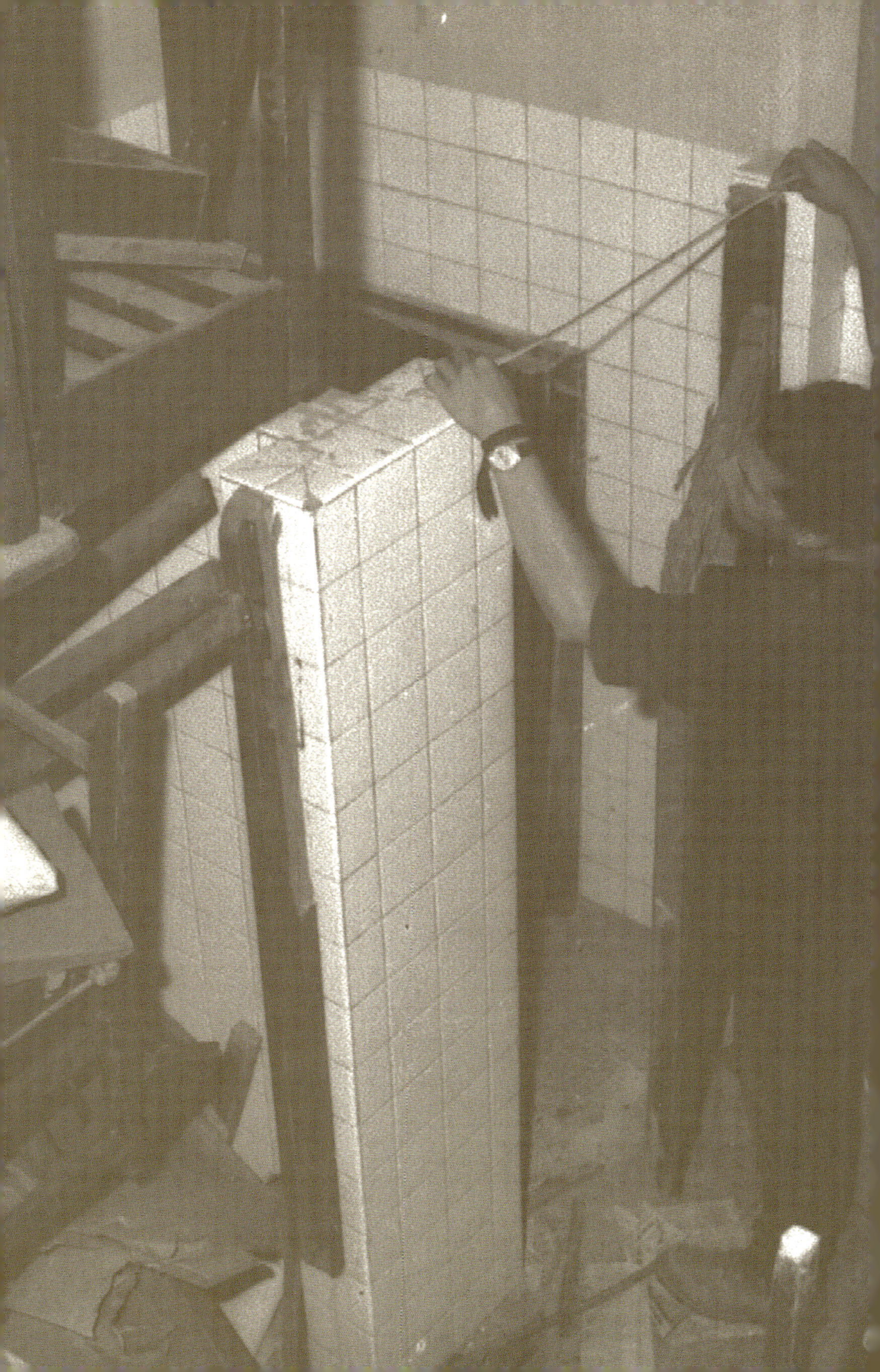

42

Episodio 9
HEE! ¿OTRA VEZ LAS BOTAS EN LA CITTÁ?

31 de diciembre de 1958, doce de la noche. ¡Feliz Año Nuevo Señores! El bacará de las copas de Batista y sus invitados en el comedor de la residencia de Columbia, despedían algo más que la noche vieja. 2:00 a.m. Batista sube al avión con su familia y allegados del gabinete. Antes de cerrar la puerta de la aeronave ordena al General Cantillo: "ya sabes lo que tienes que hacer, llama a las personalidades que te he mencionado y diles mis intenciones".[21] La ruta a seguir era Jacksonville, pero dada la insistencia del Sr. Güell –Ministro de Estado hasta el último minuto– por temor a los incondicionales revolucionarios de La Florida se opera un giro de tuerca y terminan en Santo Domingo. ¡Como ambulante alucinación el "remake" de 1895[22] hacíase realidad! Ayudado en gran parte por los caudales de la clase media cubana y emigrantes en la Florida, los que, según Reinaldo,[23] "ya no simpatizaban con el Gabinete de Gobierno y preferían la Revolución Popular para confiarle su futuro". Así, el 2 de enero de 1959, una barbuda legión irrumpe a las 15:00 horas en Columbia. Era la Columna nº 2 Antonio Maceo. De inmediato, el Comandante Camilo Cienfuegos, al frente de los primeros guerrilleros, comienza a imponer el orden con ayuda de las Milicias Obreras e instaura el Estado Mayor del Ejército Rebelde. No sé por qué, pero "todo el talento del cubano se gasta en adaptarse al momento".[24]

[21] Frase extraída de recortes de revista **Bohemia**.
[22] La invasión militar desde el oriente al occidente del país planeada por Antonio Maceo y Máximo Gómez durante la Guerra de 1895, es la estrategia reutilizada por el Ejército Rebelde en 1958.
[23] Propietario, junto a sus hermanos, de bares y prostíbulos en Camagüey, al triunfo de la Revolución, mientras sus padres y hermanos marchan en 1961 a La Florida, él se incorpora inmediatamente a las Milicias Nacionales Revolucionarias, donde obtiene los grados de Capitán. En 1989 viaja a Miami por invitación familiar y no regresa a Cuba.
[24] **Memorias del subdesarrollo.** Película cubana, 1968. Guión y dirección Tomás Gutiérrez Alea. Basada en la novela homónima de Edmundo Desnoes.

41 (detail)

41

Episode 9
AHOO! TROOPS IN THE CITTÁ AGAIN?

December 31, 1958, twelve at night. Happy New Year, gentlemen! The game of baccarat that Batista and his guests enjoyed over drinks in the dining room of the Columbia residence bade farewell to more than the passing year. 2:00 a.m., Batista boards a plane with his family and his supporters in his cabinet. Before the door to the plane is shut, he gives an order to General Cantillo: "You already know what you have to do, call the characters I mentioned to you and tell them what my intentions are."[21] The route to be followed was to Jacksonville, but at the insistence of Mr. Güell —Secretary of State right up to the last minute— for fear of the unrelenting revolutionaries in Florida, the flight does an about face and lands in Santo Domingo. As if it were a nightmare made real, the "remake" of 1895 becomes reality![22] It is made possible in large measure by the funds of the Cuban middle class and the immigrants in Florida who, according to Reinaldo,[23] "No longer sympathized with the Government's administration and preferred to trust their future to the Popular Revolution." Therefore, on January 2, 1959, at 15:00 hours, a legion of bearded soldiers breaks into Columbia; they were the 2nd Column Antonio Maceo. Immediately, the commander, Camilo Cienfuegos, who is leading the first guerrilla soldiers, begins to impose order with the help of Worker Militias, and he establishes the Military Command of the Rebel Army. I do not know why, but "All Cuban talent is spent on adapting to the moment."[24]

[21] Phrase extracted from clippings from the magazine **Bohemia**.
[22] The military invasion of the country from east to west planned by Antonio Maceo and Máximo Gómez in the War of 1895 is the strategy reused by the Rebel Army in 1958.
[23] Co-owner, with his brothers, of bars and brothels in Camagüey, who upon the triumph of the Revolution, while his parents and siblings leave for Florida in 1961, immediately joins the National Armed Forces.
[24] **Memorias del subdesarrollo**. Cuban film, 1968. Script and direction by Tomás Gutiérrez Alea, based on the novel of the same name by Edmundo Desnoes.

43

44

IMÁGENES | **IMAGES**

41 Proceso de la intervención *Controversia con el ghetto* en los baños de la escuela Seguidores de Camilo. Antigua edificación de la Ciudad Militar Columbia hoy parte del proyecto educacional Ciudad Escolar Libertad.

42 Guerrilleros del Ejército Rebelde miembros de la Columna n° 2, que llegan a la Ciudad Militar Columbia el 2 de enero de 1959. Recorte de prensa.

43 La clase media muestra su apoyo al triunfo revolucionario, más tarde frustrado para algunos. Recorte de prensa.

44 El comandante Camilo Cienfuegos pronunciando un discurso en la Ciudad Militar Columbia, el 4 de enero de 1959. Recorte de prensa.

41 The undertaking of the *Controversy in the Ghetto* intervention in the bathrooms of the Followers of Camilo school. Previously a building on the Columbia Military Base, today it is part of the Liberty School Complex.

42 Fighters from the Rebel Army, members of the 2nd Column, who arrived at the Columbia Military Base on January 2, 1959. Press clipping.

43 The middle class shows its support for the revolutionary triumph; some were later frustrated. Press clipping.

44 Commandant Camilo Cienfuegos gives a speech at the Columbia Military Base, January 4, 1959. Press clipping.

Episodio 10
¡EN ALTA VOZ!

45

Marchando junto al almanaque, días después, leíamos sin errata alguna: "Un suceso […] confirma este acierto: la declaración que acaba de hacer el jefe de la Revolución […] anunciando que el nuevo gobierno negará todo trato a los estados regidos dictatorialmente, menciona en primer término a la Unión Soviética. No es posible […] la menor convergencia entre los que acaban de emancipar a su pueblo y los que aplastaron las libertades de una docena de países europeos […] ametrallaron al indefenso pueblo húngaro y constituyen el máximo ejemplo de despotismo en el mundo. BOHEMIA saluda como un positivo acierto ese pronunciamiento".

Ruidosa se anunciaba otra vez la primavera con esta editorial titulada, "CONTRA EL COMUNISMO"[25] y el lema revolucionario, CONSUMIR LO QUE EL PAIS PRODUCE, ES HACER PATRIA; dos premisas que custodiaron al Comandante Camilo al demoler, primero mandarria en mano y luego con un buldózer, los muros de la archiconocida Posta 6 de la Ciudad Militar Columbia. Así era declarada, a las 2:40 hora militar del 10 de marzo del 59, Ciudad Libertad.

25 Editorial n°2 **Edición de la Libertad**. Cuba, 1959. Reeditada en 1996 con una tirada de 1 000 000 de ejemplares, para ser vendida en "divisa libremente convertible" a los turistas.

¡Pleno verano con predecibles sorpresas! Nuevamente vendemos azúcar a la Unión Soviética, y los Estados Unidos compran una cuota por encima de lo convenido. A nueve meses de su comandancia, Camilo entregaba el cuartel al Ministro de Educación el 14 de septiembre, para ser rehabilitado como una gran "Ciudad Escolar". Y casi a fin de mes, nuestras expectativas por mejorar las exportaciones de azúcar no se hacen esperar. ¡Norteamérica nos asigna una cuota más!

46

47

48

49

45 (detail)

Episode 10
OUT LOUD!

According to script, days later, we read with nary a doubt: "An event [...] confirms this development: the declaration that the head of the Revolution has just given [...] announces that the new government will refuse dealings with those states that are ruled dictatorially, and it mentions the Soviet Union as a prime example. It is not possible [...] for there to be the least convergence between those who have just emancipated their populace and those who smashed the liberty of a dozen European countries [...] they machine-gunned down the unarmed Hungarian populace and they constitute the utmost example of despotism in the world. BOHEMIA hails this pronouncement as a positive development."

25 Editorial No. 2, **Edición de la Libertad**. Cuba, 1959. Reedited in 1996 with a printing of 1,000,000 editions, to be sold in a "freely exchanged currency" to tourists.

Spring is once again loudly announced with this editorial titled "AGAINST COMMUNISM"[25] and the revolutionary motto, "CONSUMING WHAT THE COUNTRY PRODUCES IS PATRIOTIC," two premises that watched over Commander Camilo as he demolished, first with a battering ram and then with a bulldozer, the walls of the all-too-well-known Posta 6 de la Ciudad Militar Columbia {Post 6 of the Columbia Military Base}. And so it was declared at 2:40 military hour on the 10th of March 1959 in Ciudad Libertad.

The middle of summer with predictable surprises! Once again we sell sugar to the Soviet Union, and the United States buys more than that which has been agreed upon. Nine months into his command, on September 14 Camilo turns over the barracks to the Ministry of Education so that it can be remodeled into a great "School City." And at just about the end of the month, our hopes of improving sugar exports are no longer a mystery. The United States assigns us a new quota!

IMÁGENES | **IMAGES**

45 Guerrillero con la imagen protectora de Santa Bárbara sobre la espalda. Recorte de prensa.

46 Baño de la escuela primaria Seguidores de Camilo después de la reconstrucción. Intervención *Controversia con el ghetto* realizada en 1999.

47 El comandante Camilo Cienfuegos derriba los muros de la Posta nº 6 de la Ciudad Militar Columbia, actual Ciudad Escolar Libertad. Recorte de prensa.

48 Los comandantes Camilo Cienfuegos y Fidel Castro, junto al Dr. Dorticós, en la inauguración de la nueva Ciudad Escolar Libertad el 14 de septiembre de 1959. Recorte de prensa.

49 Edificaciones de la antigua Ciudad Militar Columbia transformadas en escuelas. Foto de 1976, cortesía de un antiguo estudiante.

45 Militia fighter with the protecting image of Saint Barbara on his back. Press clipping.

46 Bathroom in the Followers of Camilo primary school after its reconstruction. The *Controversy in the Ghetto* intervention was carried out in 1999.

47 Commander Camilo Cienfuegos knocks down the walls of Post No. 6 in the Columbia Military Base, which is now known as the Liberty School Complex. Press clipping.

48 Commanders Camilo Cienfuegos and Fidel Castro, together with Dr. Dorticós, at the inauguration of the new Liberty School Complex on September 14, 1959. Press clipping.

49 Buildings of the old Columbia Military Base transformed into schools; photo from 1976. Courtesy of an ex-student.

Episodio 11
COMIENZO DEL FIN EN TRES ACTOS

Acto Primero: Y a continuación estimados televidentes
Naturalmente la tesis de Huber Matos[26] era la tesis del anticomunismo. "[E]n una cosa están de acuerdo, en todos los escritos, en todos los programas: 'el gobierno comunista de Castro'. [...] Debo decirles que somos hombres de espíritu crítico y que ni acepté ni aceptaré nunca ideas que me impongan." (Este fragmento de la comparecencia televisiva del Jefe de la Revolución el 26 de octubre del 59 tras la llamada "conspiración de Huber Matos en Camagüey", nos hizo sudar tanto como dudar.)

Acto Segundo: Aquel 21 de octubre
"Camilo entra al campamento con un grupo de hombres bien armados. 'Camilo: -Huber, comprende que esto no es para mi nada agradable. Sabes que nosotros mantenemos la misma posición de respeto al comunismo. Creo que Fidel está actuando equivocadamente, pero quiero que tú me comprendas. [...] Continua Camilo, –bueno tienes que acompañarme, Fidel quiere que te arreste y que me entregues el mando, yo no veo muy claro esto. Huber: –Tampoco lo entiendo yo, porque en horas de la madrugada Fidel llamó por teléfono al Capitán Francisco Cabrera y lo designó jefe del distrito. [...] –Comprendo, pero mira, vamos a la comandancia porque debo dejar esto terminado, concluye Camilo. [...] Huber: – ¿Sabes que te mandaron para que cuando intentaras arrestarme mis hombres se opusieran? Desde la madrugada los están provocando con improperios lanzados por radio. [...] Cuídate Camilo [...] cumple las órdenes que has recibido'. Cuando arribamos a mi despacho me pide que me siente y toma el teléfono. Llama a los oficiales, les pide que entreguen las armas. Los capitanes, que no están de acuerdo con el arresto, al ver mi actitud pacífica entregan las armas. El comandante Ramiro Valdés, quien ha venido con Camilo, se pone a mi lado en función de vigilante. [...] Instantes después entra una llamada de La Habana. Es el presidente Dorticós que quiere hablar conmigo: [...] –Huber, ¿qué es lo que está pasando? –Presidente, he renunciado a mi cargo por un asunto que he discutido desde hace tiempo con Fidel y su respuesta ha sido [...] mi arresto. Momentos después Fidel llama por teléfono a Camilo. Al parecer le pregunta cómo están las cosas y Camilo responde: –En el cuartel todo está en orden, [...] aquí no hay

26 Comandante de la Columna Nº 9 del Segundo Frente del Ejercito Rebelde en la Sierra Maestra y designado Jefe Militar de la provincia de Camagüey en 1959. Condenado, tras un juicio sumario, a veinte años de prisión.

52

traición. [...] Los capitanes estaban molestos pero tranquilos; ahora están indignados y quieren renunciar. Lo que se ha hecho es una metedera de pata. Fidel seguramente lo interrumpe con algún reproche insolente, por la cara que pone Camilo. [...] Le ordena seguir adelante con sus instrucciones, negándole el derecho a opinar, pues Camilo, desconcertado y molesto, agrega: –Se hará como tú dices. [...] Fidel llega al cuartel [...] reúne a los capitanes de la plana [...] les dice que soy un traidor. [...] –Muéstrenos las pruebas. –Yo las tengo– afirma. –¿Por qué no las presenta entonces? Media hora después [...] sube al segundo piso [...] va al amplio balcón donde le han colocado un micrófono [...] pide castigo para nosotros. [...] Le digo a Camilo que se le acerque y le comunique mi deseo de contestarle ahí mismo. [...] Camilo no se atreve pero insisto [...] Ramiro Valdés ha empuñado su pistola. [...] Camilo está tenso, se le acerca, le toca el hombro [...] Fidel inclina la cabeza y escucha a Camilo, que le habla al oído. Fidel le da instrucciones. Inmediatamente un grupo de sus hombres dirigidos por Valdés me saca del edificio [...] nos conducen al aeropuerto. [...] Llegamos desde el mediodía a Ciudad Libertad, como se llama ahora el antiguo 'Campamento Columbia'". (Parte de lo ocurrido el 21 de octubre narrado por Huber Matos y publicado cuarenta y tres años después.)

Acto Tercero: Mejor el cuento que la historia

"[...] El 27 Camilo le insiste a Huber que él le puede preparar un escape, que no debe haber juicio, que Fidel viene ejerciendo coacción sobre él, Huber rechaza. Entonces, horas después, se transmitía en vivo por televisión el último discurso del Comandante Cienfuegos desde Camagüey. Decía algo así: '[...] esos compañeros comunistas que hoy pertenecen [...] al Ejército Rebelde, mientras no traicionen [...] seguirán vistiendo el uniforme verde olivo. Porque aquí murieron comunistas y murieron compañeros de todas las doctrinas [...] y no sería justo [...] que ahora los persigamos'. Luego, [...] el 30 de octubre todos los medios de comunicación masiva informaron la pérdida del Cessna 310-C, la avioneta en la que el Comandante debía aterrizar en la capital. [...] La versión oficial cuenta que desapareció regresando desde Camagüey el 28 de octubre, pero nosotros sabíamos que solo era una escala técnica regresando de Santiago de Cuba [...] Estábamos en el campamento, seguros de que el alto mando lo desapareció antes del amanecer". (Según la narración de un ex integrante[27] de la Columna nº2 del Ejército Rebelde –durante la convivencia de militares y pioneros a dos meses de inaugurada Ciudad Escolar Libertad–, exiliado en Tampa desde 1963; todo está dicho y reencarnado en el mar).

27 Miguel Ángel se incorporó a la Columna nº 2 en su paso por Ciego de Ávila.

53

54

53

Episode 11
THE BEGINNING OF THE END IN THREE ACTS

Act One: And then dear television viewers

Naturally Huber Matos's[26] frame of reference was anticommunist. "They are in agreement on one thing in all the writings and on all the programs: 'The communist government of Castro.' [...] I should tell you that we are men of the same spirit of criticism and I never accepted nor will I ever accept any ideas imposed upon me." (This fragment of a televised appearance by the "Head of the Revolution" on the 26th of October of 1959 after the so-called "Conspiracy of Huber Matos in Camagüey" made us sweat as well as doubt).

Act Two: That 21st of October

Camilo enters the camp with a group of heavily armed men. Camilo: "Huber, you understand that this is not the least bit to my liking. You know that we have the same position regarding Communism. I think that Fidel is making a mistake, but I want you to understand me. [...]" Camilo continues, "OK, you have to come with me; Fidel wants me to arrest you and for you to turn command over to me. I don't understand this too well." Huber: "I don't understand it either, because in the morning hours Fidel phoned Captain Francisco Cabrera and named him district chief. [...]" "I understand, but look, we're going to command headquarters because I have to finish this," Camilo finishes. [...] Huber: "Do you know that they sent you so that when you try to arrest me my men will resist? They've been inciting them since the early morning with insults on the radio. [...] Be careful, Camilo [...], carry out the orders you have received. When we get to my office, ask me to sit down and get the phone. Call the officers; ask them to turn in their weapons." Commander Ramiro Valdés, who has come with Camilo, stands to my side to watch me: [...] Seconds later a call comes in from Havana. It's President Dorticós and he wants to speak with me: [...] "Huber, what's going on?" "Mr. President, I have resigned my position due to an issue that I disputed with Fidel for some time, and his answer has been [...] my arrest." Shortly thereafter Fidel calls Camilo on the phone. It seems he is asking him how things are going, and Camilo responds: "Everything is under control in the barracks [...] there is no treason here. [...] The captains were irritated but calm; now they are indignant and want to resign. This has been a screw-up." Fidel certainly interrupts him with some sort of insolent rebuke given the face that Camilo makes [...] he orders him to go forward with his instructions and denies him the right to state an opinion. Camilo, baffled and annoyed, adds: "What you are saying will be carried out." [...] Fidel arrives at the barracks [...] he assembles the staff captains [...], he tells them that I'm a traitor. [...] "Show us the evidence." "I have it," he asserts. "Why don't you show it then?" One half hour later [...] he goes up to the second floor [...] he goes to the large balcony where they have placed a microphone [...] he requests that we be punished. [...] I tell Camilo to come closer and I let him know that I wish to reply right then and there. [...] Camilo doesn't dare but I insist. [...] Ramiro Valdés has gripped his pistol. [...] Camilo is

[26] Commander of the 9th Column of the second front of the Rebel Army in the Sierra Maestra and designated Military Leader of the province of Camagüey in 1959. Sentenced, after a summary trial, to twenty years in prison.

tense, he approaches him; he touches his shoulder [...] Fidel lowers his head and listens to Camilo, who is speaking into his ear. Fidel gives him instructions. Immediately a group of men led by Valdés takes me out of the building [...] they take us to the airport. [...] We arrive at around noon to Ciudad Libertad, as the old "Campamento Columbia" is now called." This is part of what occurred the 21st of October as told by Huber Matos and published forty-three years later.

Act Three: The story is better than history

"[...] The 27th Camilo insists to Huber that he can prepare an escape for him; that there shouldn't be a trial; that Fidel is coercing him; Huber rejects the idea. Hours later, Commandante Cienfuegos last speech is being broadcast live on the television from Camagüey. He was saying something like this: [...] those communist comrades that now are in [...] the Rebel Army, as long as they do not commit treason [...] will continue to wear the olive green uniform. Because communists have died here, comrades of all doctrines have died here [...], and it would not be just [...] for us to persecute them now. Later, [...] on the 30th of October, all the means of mass communication reported on the loss of the Cessna 310-C, which was the small plane in which the Commandant was to land in the capital. [...] The official version stated that it disappeared on the way back from Camagüey on October 28, but we knew that it was just a technical stop on the way back from Santiago de Cuba [...]. We were at the base, certain that the high command had made it disappear before daylight." According to the account given by an ex-member[27] of Second Column of the Rebel Army, who has been exiled in Tampa since 1963—during a time when the military and pioneers were together two months after the inauguration of Ciudad Escolar Libertad—everything is said and done at the bottom of the sea.

27 Miguel Ángel joined the Columna no. 2 (Second Column) on his way through Ciego de Ávila.

IMÁGENES | **IMAGES**

50 Escuela Rubén Bravo. Foto de 1987. Cortesía de un antiguo estudiante.
51 El Comandante Huber Matos, horas antes de ser procesado en el juicio militar celebrado en la antigua Ciudad Militar Columbia. Recorte de prensa.
52 Detalle del baño de la escuela Seguidores de Camilo después de su reconstrucción. Intervención *Controversia con el ghetto* realizada en 1999.
53 Detalle del baño de las niñas en la escuela Rubén Bravo después de la intervención *Controversia con el ghetto* realizada en 1999.
54 y **55** Detalles del baño de los niños en la escuela Rubén Bravo después de la intervención *Controversia con el ghetto* realizada en 1999.

50 Rubén Bravo School; photo from 198. Courtesy of an ex-student.
51 Commander Huber Matos hours before being prosecuted in a court-martial at the old Columbia Military Base. Press clipping.
52 Detail of the bathroom in the Followers of Camilo school after its reconstruction; *Controversy in the Ghetto* intervention carried out in 1999.
53 Detail of the girls' bathroom in Rubén Bravo School after the *Controversy in the Ghetto* intervention of 1999.
54 and **55** Details from the boys' bathroom in the Rubén Bravo School after the *Controversy in the Ghetto* intervention of 1999.

56

Episodio 12
TU ALQUIMIA PURA SE ME VA

Hoy 2 de julio de 1960, desde Estados Unidos, Eisenhower dictó la total suspensión de compras de azúcar a la Isla. En cinco días la respuesta fue: Ley nº 851 que autoriza al Presidente y Primer Ministro a la nacionalización –por vía de la expropiación forzosa– de bienes y empresas norteamericanas u otras entidades en las que tuviesen participación los Estados Unidos dentro de la nación.

"Esta humanidad ha dicho basta y ha echado a andar. Como mis padres, como Laura."[28] Como cientos de judíos, como el Sr. José Piñeiro –dueño del tostadero de café "El Sol", en la ciudad de Cienfuegos– "[…] y no se detendrán hasta llegar a Miami".[29] Se debatían las desazones de 1960 entre el descontento y los designios del proyecto rebelde, que ahora entregaba la mansión del magnate Piñeiro a Hilda Lima –presidenta de la Federación de Mujeres Cubanas (F.M.C.) en la citada ciudad– bajo la encomienda de fundar un círculo infantil.

Más tarde, desde New York, podríamos leer que de 15 mil judíos residentes en la Cuba de los años 50, el 80% emigró, que en 1965 sumaban 2.500 y que para 1970 –según datos de la Enciclopedia Judaica– sólo unos 1.500 quedaban en la Isla. La ley citada al inicio de este episodio no reconfortó a empresarios, comerciantes y cientos de hebreos comunes que inmediatamente comenzaron a abandonar el país debido a la "intolerancia religiosa"[30] por parte del gobierno rebelde hacia toda creencia –aun cuando simulase incorporarlos– que pudiese entorpecer la "Dictadura del Proletariado" que debíamos practicar.

[28] **Memorias del subdesarrollo.** Película cubana, 1968. Guión y dirección Tomás Gutiérrez Alea. Basada en la novela homónima de Edmundo Desnoes.

[29] **Idem.**

[30] El gobierno revolucionario también confiscaría bienes a la comunidad judía, entre los cuales se encontraban las regias edificaciones comunales en El Vedado, La Habana Vieja y la escuela en Lawton, que se levantaron a partir de 1952. El sionismo contaba con organizaciones para todos, incluso para mujeres y jóvenes. No necesitaron un barrio como el gremio chino, pues su vital economía se tornaba abarcadora e independiente dentro de la República.

57

58

59

Episode 12
YOUR ALCHEMY IS LOST ON ME

Today, July 2, 1960, from the United States, Eisenhower ordered the suspension of all purchases of sugar from the Island. After five days, the answer was the following, Law No. 851, which authorized the President and Prime Minister to nationalize—through forced expropriation—American holdings and businesses and other entities in which the United States participated and which were found within the nation.

"This bit of humanity has said enough and has begun to walk, like my parents, like Laura."[28] Like hundreds of Jews, like Mr. José Piñero—owner of the coffee roaster "El Sol" in the city of Cienfuegos—"[...] and they won't stop until they reach Miami."[29] The upsetting issues of 1960 were debated and ranged from discontent to the plans of the rebel project, which at the time was turning over magnate Piñero's mansion to Hilda Lima, president of the Cuban Woman's Federation (F.M.C.) in the aforementioned city, who was tasked with founding an infant daycare center.

Later, from New York, we can read that of the 15,000 Jews residing in Cuba in the fifties, 80 percent immigrated, and in 1965 there were 2,500; in 1970—according to statistics from *The Jewish Encyclopedia*—only 1,500 remained on the Island. The law cited at the beginning of this episode did not comfort the entrepreneurs, businessmen, and hundreds of common Jews who immediately began to leave the country due to "religious intolerance"[30] on the part of the rebel government toward all beliefs—even when it feigned including them—because they might hamper "The Dictatorship of the Proletariat" that we were to follow.

28 Memorias del subdesarrollo.
29 Ibid.
30 The revolutionary government also confiscated property from the Jewish community, including the magnificent communal buildings in El Vedado, Old Havana, and the school in Lawton, its construction having begun in 1952. Zionism continued to have organizations for everyone, including women and young people. They did not need a specific neighborhood like the Chinese guild, being as their vital economy was all encompassing and independent within the Nation.

IMÁGENES | IMAGES

56 Foto de los abuelos de un amigo judío en el momento que abandonaban el país (1961). Cortesía de una familia judía.
57 Familia de Samuel Nisenbaum, momentos antes de develar la tumba. Al extremo derecho la viuda Nisenbaum con uno de sus nietos. Intervención *Lampo sobre la runa* realizada en el año 2000, en el Cementerio Judío de Guanabacoa, La Habana.
58 Proceso de la intervención *¡A quitarse el antifaz!* realizada en el círculo infantil Conchita Mas Mederos, en el año 2000.
59 Momento de la ceremonia de entrega de la tumba de Samuel Nisembaum a su familia. Noviembre del año 2000.
60 Tumba a Samuel Nisenbaum (1914-1995) In Memoriam.

56 Samuel Nisenbaum's family seconds before revealing his tomb; Nisenbaum's widow is to the far right with one of her grandchildren. The *Flash over the Rune* intervention carried out in the year 2000 in the Jewish Cemetery of Guanabacoa, Havana.
57 Photo of a Jewish friend's grandparents at the moment they were leaving the country (1961). Courtesy of a Jewish family.
58 The intervention process of *Taking the Mask off!* carried out in Conchita Mas Mederos Daycare Center in 2000.
59 A moment in the presentation ceremony of Samuel Nisenbaum's tomb to his family, November 2000.
60 Samuel Nisenbaum's tomb (1914-1995): In Memoriam.

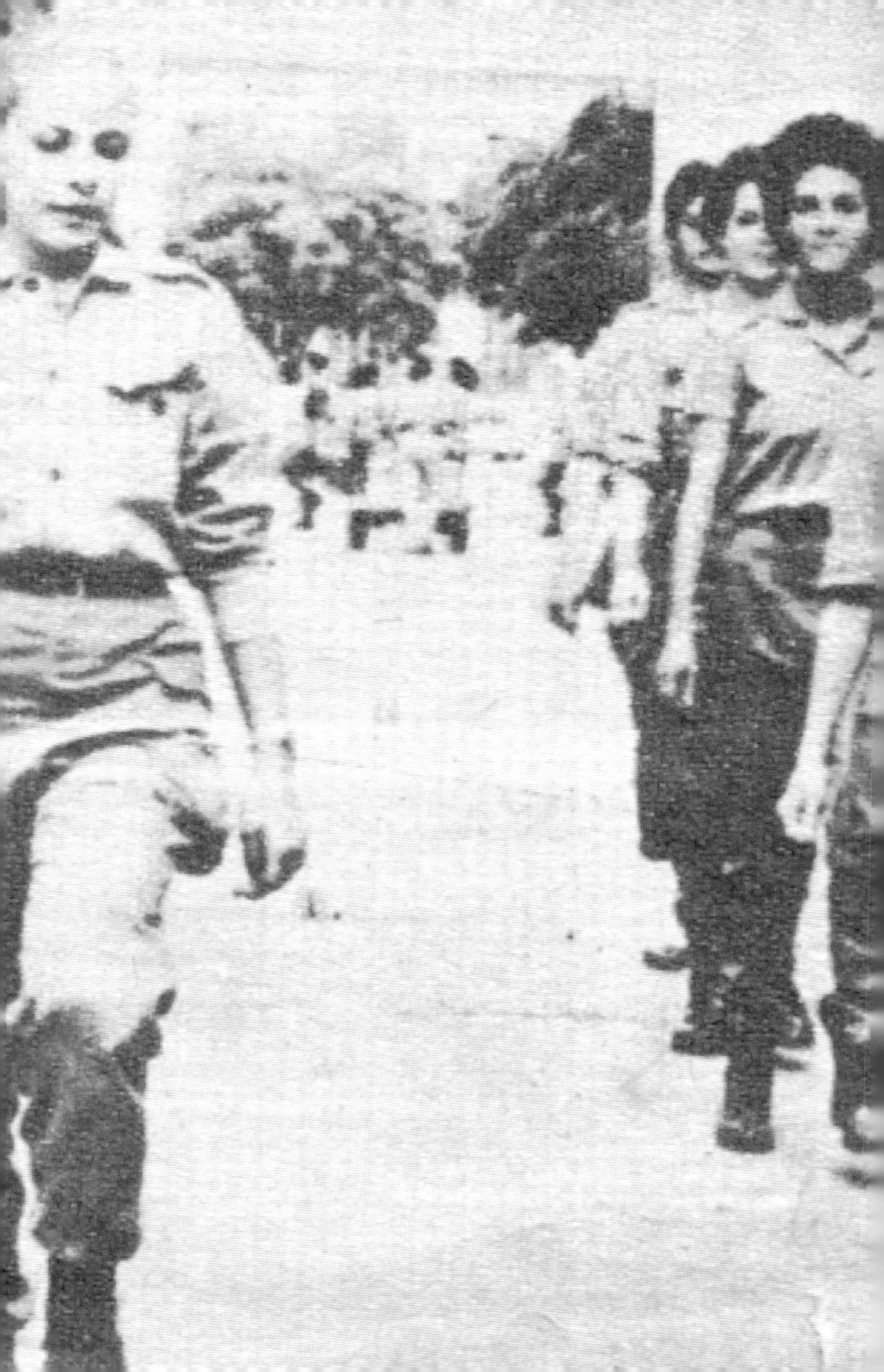

Episodio 13
EN POS DE LA NARRACIÓN ORAL

¡Ahora sí las organizaciones adquirían una función real! "[A]grupar al empleado, a la ama de casa y hasta a los veteranos de la lucha insurreccional. […] ¡Adiós Topes de Coyantes con tus lomas de cascajo, te puedes ir pal´ carajo con todos tus habitantes! […] Tarareando esta tonadilla marchamos las Milicias, Conchita Mas Mederos y yo a la Sierra del Escambray. […] En las milicias –continúa explicándome un ex combatiente cienfueguero– decretábamos seis o siete combatientes para acuartelar cada casa de familia; al inicio, el Estado les compraba las crías de animales y la siembra para que no se las dieran a "los contrarrevolucionarios",[31] no nos importaba el sacrificio ni a quien matar […] en realidad muchos campesinos estaban en contra de la revolución y tuvimos que llevarlos a punta de cañón pá Pinar del Río, incluso hasta separar las familias. Conchita […], ya estaba incorporada a la Federación de Mujeres y cumplía con el deber de reclutar campesinas para cursar estudios de corte y costura en la Capital […] que era parte de la misma estrategia de concentración y persuasión. [E]speramos juntos el fin de año, recuerdo que antes del Día de Reyes de 1961 los Estados Unidos ya habían roto toda relación con Cuba, y el 18 de enero derribamos la corona del monumento al Maine". Eeh!... "¿Quién iba a sospechar todo esto sin el águila imperial?"[32] "[L]uego –continúa diciéndome Manuel– ella comenzó a trabajar en el Departamento de Impuestos de la Junta de Coordinación, Ejecución e Inspección (JUCEI) y compartía sus horas en el Batallón del Trabajo Voluntario. También la enviaron allá […] por el barrio San Lázaro de esta su ciudad natal, donde alfabetizó a dos familias. Y así… nuestras milicias seguían en el Escambray, vigilando la asistencia de los niños a las escuelas".

31 Así llamaba el gobierno a toda actitud desafecta al proceso revolucionario.
32 *Memorias del subdesarrollo*. Op. cit.

Episode 13
IN PURSUIT OF ORAL NARRATION

The organizations would now truly have a real purpose! "Group the worker, with the housewife and even with the veterans of the insurrection. [...] Good-bye, Topes de Coyantes and your gravel hillsides, you can go to hell with all of your inhabitants! [...] Humming this tune, we all marched, the militias, Conchita Mas Mederos, and I to the Sierra del Escambray. [...] In the militias—an ex-combatant of Cienfuego's was explaining to me—we would decree that six or seven combatants would be quartered in each family home; in the beginning the State would buy their young animals and seed crop so that they would not give them to the "counter-revolutionaries;"[31] neither the sacrifice nor who we had to kill mattered to us [...] in reality many of the peasants were against the revolution, and we had to take them at gunpoint to Pinar del Río; we even separated families. Conchita [...] was already a member of the Federation of Women and was fulfilling her duty of recruiting peasant women who would study sewing in the Capital. [...] It was part of the same strategy of relocation and persuasion. We waited together until the end of the year; I recall that on the day of the Epiphany in 1961, the United States had already broken off all relations with Cuba and on January 18 we tore down the crown on the monument to the *Maine*. Ah! [...] Who would suspect all this without the imperial eagle?"[32] "Then," Miguel continued to tell me, "she started to work at the Tax Department of the Coordination, Execution and Inspection Committee (JUCEI) and spent time with the Voluntary Work Battalion. They also sent her around [...] the San Lázaro neighborhood of her native city, where she taught two families how to read and write. And in this way [...] our militias stayed on in Escambray, watching over the help given by the children to the schools."

[31] The name given by the government to any attitude opposed to the revolutionary process.
[32] *Memorias del subdesarrollo*.

IMÁGENES | **IMAGES**

61 Milicias Femeninas, 1960. Recorte de prensa.
62 Monumento a las víctimas del *USS Maine* antes de que fuera despojado del águila de bronce que resguardaba su cima. Juego de postales históricas de 1934, Colección de Familia.
63 Proceso de la intervención *¡A quitarse el antifaz!* realizada en el círculo infantil Conchita Mas Mederos, en el año 2000.
64 "Foto de Cumpleaños". Proceso de la intervención *¡A quitarse el antifaz!*

61 Female militia soldiers; 1960. Press clipping.
62 Monument to the victims of the USS *Maine* before it was stripped of the bronze eagle that guarded its apex; set of historical postcards. Family collection.
63 Intervention *Taking the Mask off!* carried out in the Conchita Mas Mederos Daycare Center in 2000.
64 "Birthday Party Photo," intervention *Taking the Mask off!*

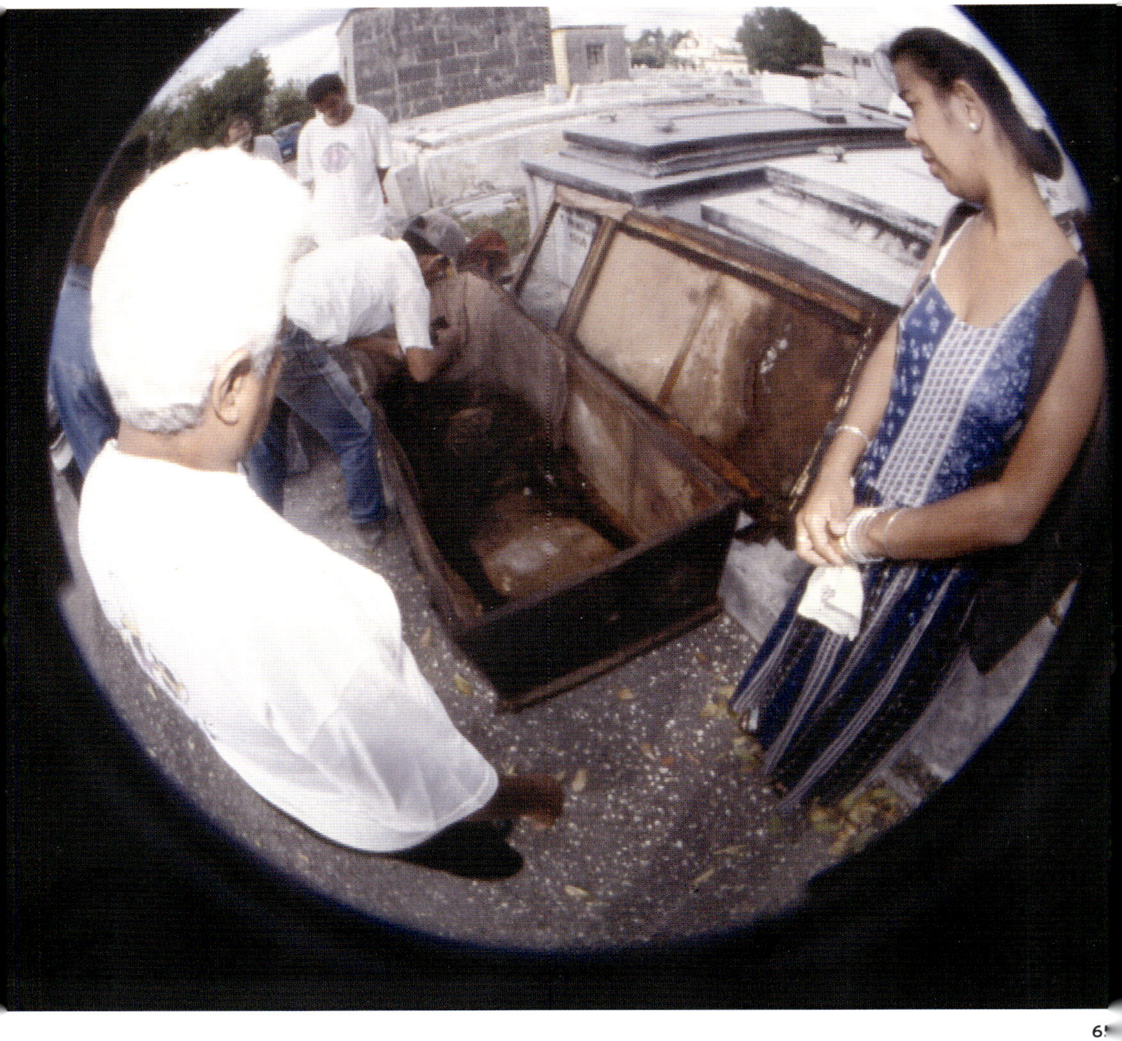

6

Episodio 14
ROL PROTAGÓNICO

Protagonista fue también la habanera Fidelina Luca Ortiz (1942-1997), cuyos restos han sido exhumados y depositados en una bóveda de familia en el Cementerio de Colón, a unos pasos del panteón de las víctimas del bombardeo del 15 de abril de 1961 a los aeropuertos de Ciudad Libertad y San Antonio de los Baños.

Azarosamente, al mismo tiempo, ella enseñaba a leer y a escribir al campesino matancero Lorenzo Orfila y su familia.[33]

33 Fragmento del testimonio del hijo de la difunta.
34 Fragmentos del testimonio de Pedro, compañero de Conchita en la JUCEI.

¡Alfabetizar… Alfabetizar! ¡Venceremos! Inolvidable cuando el 22 de diciembre, al publicar la Comisión Nacional de la Campaña de Alfabetización los resultados finales de tan épica labor, el remanente fue de 3,9% de analfabetos en una población total de 6.933.253 habitantes. Alejada del hogar materno, Conchita no pudo leer la estadística, pues convalecía muy enferma de los nervios. "[…]Afirman que por su estirpe e incondicional apego al proyecto revolucionario, sufría de complejos por pensar ser un estorbo para los demás y se negó a hacer el reposo ordenado por Sanidad Mental. […] Es entonces que le dan el alta médica bajo advertencia del doctor: la carga de trabajo puede atentar contra tu salud".[34]

Episode 14
THE ROLE OF THE PROTAGONIST

Another protagonist was the Havana native Fidelina Luca Ortiz (1942–1997), whose remains have been exhumed and deposited in the family vault in the Colón Cemetery a few steps from the mausoleum of the victims of the April 15, 1961, bombing of the Ciudad Libertad and San Antonio de los Baños airports. Unfortunately, at the same time, she was teaching a peasant from Matanza, Lorenzo Orfila, and his family how to read and write.[33]

Educate . . . educate! We will win! It was unforgettable when on December 22, the National Commission on the Campaign for Literacy published the final results of the epic effort: 3.9 percent of the total population of 6,933,253 inhabitants remained illiterate. Away from her native home, Conchita was unable to read the statistic as she was recovering from a serious nerve ailment. "[…] It is said that due to her family stock and undying dedication to the revolutionary project, she suffered from complexes, believing she was a hindrance to others and refusing to rest as ordered by Mental Health. […] It was at that time that she was released by the doctor with the warning: the burden of your work may affect your health."[34]

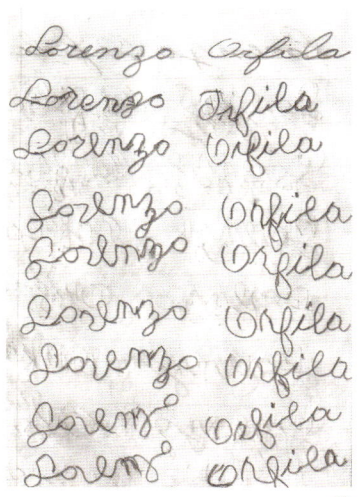

33 A fragment of the testimony of the deceased woman's son.
34 Fragments from the testimony of Pedro, one of Conchita's companions at the JUCEI.

70

71

IMÁGENES | IMAGES

65 Familiares de Fidelina Luca Ortiz momentos antes de la exhumación, en la Necrópolis Cristóbal Colón el 30 de noviembre de 1999. Parte de la intervención *Los que cavan su pirámide*.

66 Los jóvenes marchan a la Campaña de Alfabetización. Recorte de prensa, cortesía de la familia de Fidelina Luca Ortiz.

67 Carátula de la libreta utilizada por Fidelina Luca Ortiz, para alfabetizar al campesino Lorenzo Orfila. Cortesía de la familia de Fidelina Luca Ortiz.

68 Urna de mármol, bronce y cerámica, que resguarda los restos de Fidelina Luca Ortiz.

69 Manuscrito de la libreta del campesino Lorenzo Orfila. Cortesía de la familia de Fidelina Luca Ortiz.

70 Hija de la difunta Fidelina Luca Ortiz, rociando perfume a los restos de su madre.

71 Deposito de la urna con los restos de Fidelina en la bóveda de Rodolfo Ruiz y Familia. Localizada en la Necrópolis Cristóbal Colón, Ciudad Habana.

65 Family of Fidelina Luca Ortiz minutes before she was exhumed in the Christopher Columbus Cemetery November 30, 1999; part of the *Those Who Dig Their Own Pyramids* intervention.

66 Youth march for the Literacy Campaign. Press clippings courtesy of the family of Fidelina Luca Ortiz.

67 Title page from field hand Lorenzo Orfila's booklet used to teach him to read and write. Courtesy of the family of Fidelina Luca Ortiz.

68 Marble, bronze, and ceramic urn containing the remains of Fidelina Luca Ortiz.

69 Writing from field hand Lorenzo Orfila's booklet. Courtesy of the family of Fidelina Luca Ortiz.

70 Daughter of the deceased Fidelina Luca Ortiz sprinkling perfume on her mother's remains.

71 Depositing the urn containing the remains of Fidelina in the vault of Rodolfo Ruiz and family, located in the Christopher Columbus Cemetery, Havana.

Episodio 15
ÚLTIMOS SUSURROS DEL PATIO

Convocados por el Comandante Che Guevara, al denunciar – según él, un fenómeno inédito en Cuba– "la falta de brazos para la agricultura", marchamos a la Primera Zafra Socialista. Yo acotaría que nuestra "gente no es consistente. Y siempre necesitan que alguien piense por ellos".[35] ¡Quemados por la epopéyica tarea! Con un saldo de 4.800.000 toneladas, otra vez el sol de agosto nos recalentó la cabeza. Desde el Malecón presenciamos el buque Oxford Age-159 cortar nuestras aguas. El 15 de octubre la CIA revelaba las fotos tomadas por un avión U-2 que resultaron ser el emplazamiento de rampas soviéticas para armas nucleares en la Isla. Citados con urgencia los consejeros de Kennedy a discutir las medidas a tomar, sólo la tercera fue aceptada: anunciar un bloqueo naval –constante de "nuestra historia"– contra todos los buques, sea cual fuera su origen, a la par de ejecutar serias conversaciones con los rusos, a quienes se les exigía la retirada del armamento.

¡La "antemural de Las Indias" era el limbo! Cada misil poseía un alcance de más de 2 mil kilómetros, con una fuerza explosiva correspondiente a 70 bombas de las lanzadas en Hiroshima, excéntrico preámbulo de una Tercera Guerra Mundial entre dos potencias en disputa que otra vez, ¡Nos habían dejado fuera de juego! 17:40 horas del 22 de octubre. ¡Decretada la Cuarentena! ¡Alarma de Combate! "[T]odos, hombres y mujeres, jóvenes y niños, incluso los contrarrevolucionarios –que ahora corren el mismo peligro que sus conciudadanos- ¡Todos somos uno en esta hora de peligro! Y nuestra [...] será la misma suerte, ¡Y de todos será la victoria!".[36]

35 **Memorias del subdesarrollo**. Op. cit.
36 Mª del Pilar Díaz Castañón: **Ideología y Revolución**. Cuba 1959-1962.

Mª Antonia, que vive en San José de las Lajas, comenzó a estudiar en el colegio Amor de Dios desde 1957. "Cuando la Crisis de Octubre –recuerda ella– las milicias dejaron a un soldado con un fusil y una cantimplora vigilando el lugar, decían que las monjas escondían armas en el patio para ayudar a tumbar a Fidel. Mis padres y los demás vecinos le daban comida al pobre hombre. [...] Sí, creo que fue días después de la Crisis que el Colegio de las Monjas –como le decíamos popularmente– fue transformado en la escuela primaria Manuel Ascunce Domenech". Y así hasta el día de hoy.

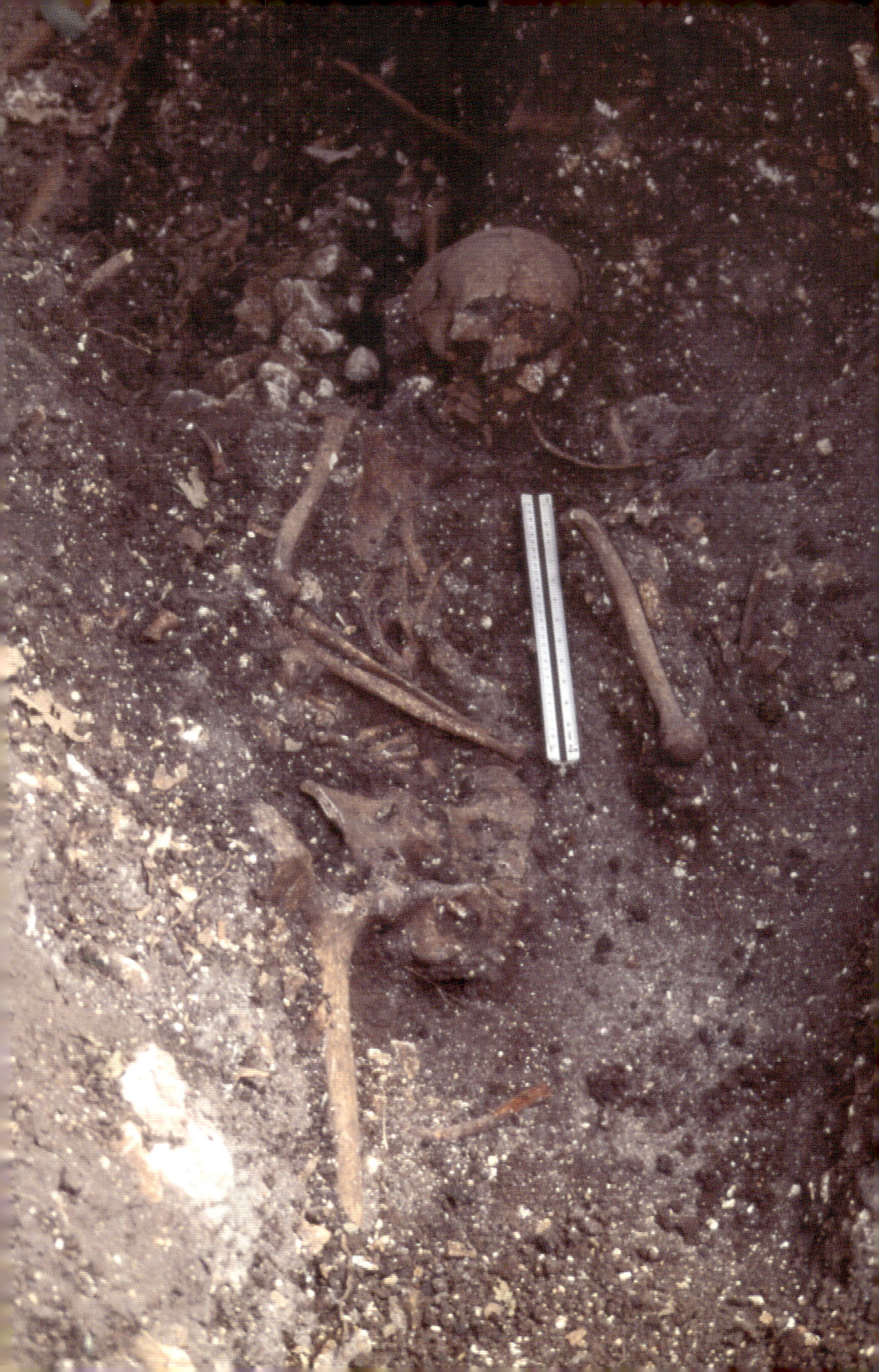

75

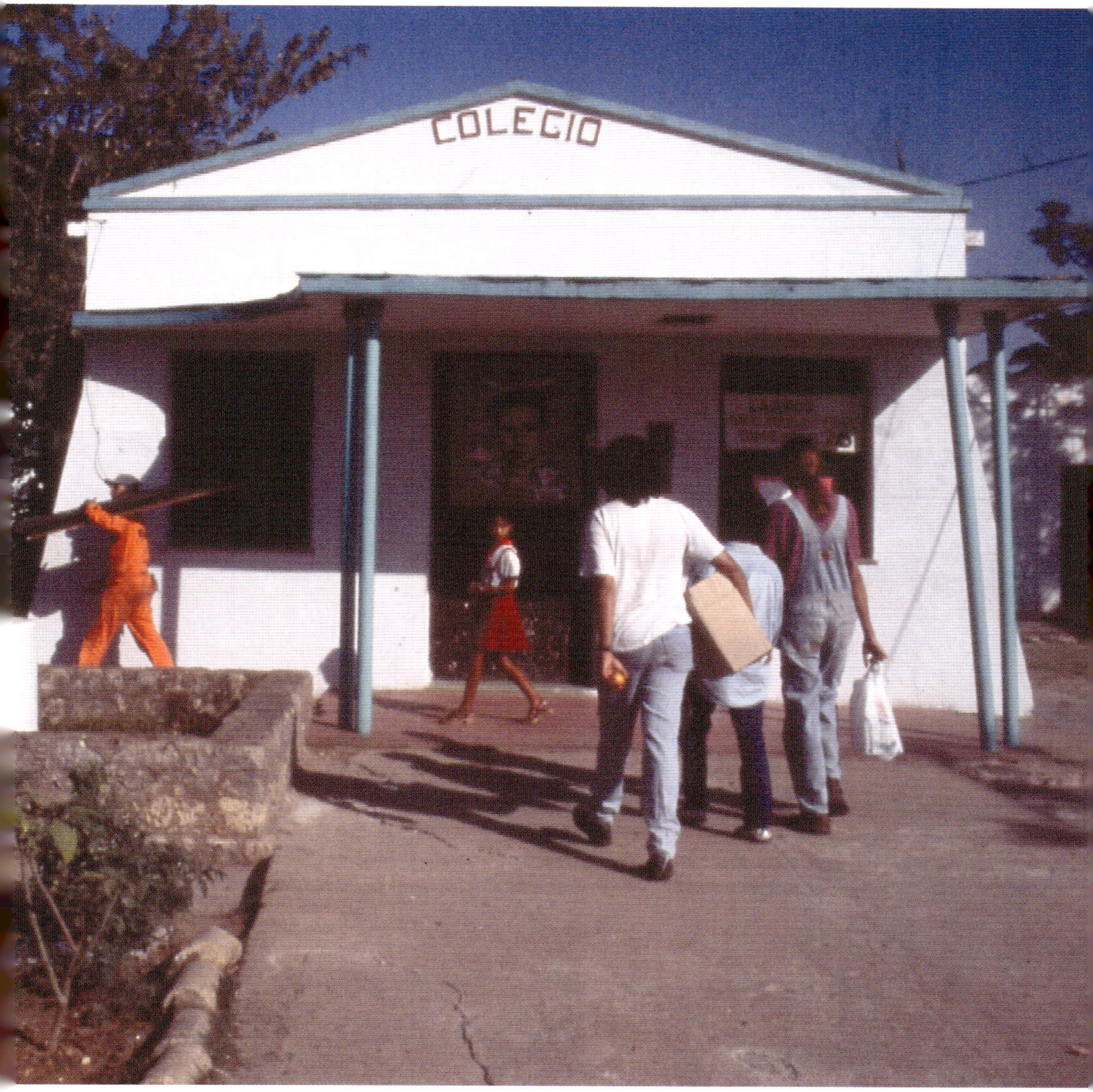

76

Episode 15
THE LAST WHISPERS FROM THE PATIO

Convened by Commander Che Guevara when he denounced—according to him an unheard-of phenomenon in Cuba—"the lack of hands for agriculture," we marched to the First Socialist Sugar Harvest. I would say that our "people are not consistent. And they always need someone to think for them."35 Burned by the epic task! With 4,800,000 tons harvested, once again the August sun overheated our heads. From the Malecón we noticed the ship *Oxford Age-159* sail our waters. On October 15 the CIA revealed photos taken from a U2 plane that turned out to show the location of Soviet ramps for nuclear weapons on the Island. Kennedy's advisors were urgently called in to discuss the measures to be taken, and only the third was accepted: announce a naval blockade—typical

35 *Memorias del subdesarrollo.*
36 María del Pilar Díaz Castanon. *Ideología y Revolución*. Cuba: 1959-1962.

of "our history"—of all ships, regardless of their origin, while conducting serious conversations with the Russians and demanding that they remove their weapons.

The "Rampart of the Indies" was the limbo! Each missile had a range of more than two thousand kilometers, with the explosive equivalent of seventy times the power of the bombs dropped on Hiroshima, an odd preamble to World War Three between two quarreling superpowers who once again had left us out of the game! The 22nd of October, 15:30 hours. Quarantine has been declared! Call to arms! "Every man, woman, and child, including the counter-revolutionaries, who now ran the same risks as their fellow citizens. We are all now as one in this hour of danger! We [...] have the same fate. Victory will belong to all of us!"36

María Antonia, who lives in San José de las Lajas, began her studies in the Amor de Dios school in 1957. During the October Crisis, she recalls, "the militias left a soldier with a rifle and a canteen to guard the place; they said that the nuns hid weapons under the patio to help overthrow Fidel. My parents and other neighbors gave the poor man food. [...] I think that it was days after the Crisis that the School of Nuns—that's what we called them—was transformed into Primary School Manuel Ascunce Domenech." It is still called that to this day.

IMÁGENES | IMAGES

72 Mujer trabajando en una fábrica durante los días de la Crisis de los Misiles. Recorte de prensa.
73 Colegio Amor de Dios (1958), también llamado Colegio de las Monjas. Foto, cortesía de María Antonia.
74 Restos óseos de una esclava de raza negra, hallados en la intervención realizada en el patio de la escuela Manuel Ascunce Domenech.
75 Mujer en posición de ALERTA durante la Crisis de los Misiles. Recorte de prensa.
76 Entrada de la escuela primaria Manuel Ascunce Domenech, donde se realizara la intervención *Kermesse al desengaño* en el año 2001. A la izquierda se aprecia la única columna que aún sobrevive de la Primera Iglesia (1788) de San José de Las Lajas.
77 Mª Antonia (derecha) en sus días como estudiante en el Colegio de las Monjas. Foto de 1957, cortesía de María Antonia.
78 Plato de porcelana inglesa hallado entre los restos óseos de las extremidades inferiores de un hombre esclavo de raza negra, fechado entre 1788-1841. Localizado en la Tercera Cala de Excavación en el patio del antiguo Colegio Amor de Dios, actual escuela Manuel Ascunce Domenech.
79 Detalle del plato de porcelana inglesa hallado en la excavación.

72 A woman works in a factory during the first days of the Missile Crisis. Press clipping.
73 Colegio Amor de Dios [Love of God School] (1958), also known as Colegio de las Monjas [Nun's School]. Photo courtesy of Maria Antonia.
74 The remains of a black slave woman found during the intervention carried out in the playground of Manuel Ascunce Domenech School.
75 A woman in the ALERT position during the Missile Crisis. Press clipping.
76 Entrance to primary school Manuel Ascunce Domenech where the *Righting the Wrong Kermesse* intervention would be carried out in 2001; to the left is the last remaining column from the First Church of San José de las Lajas (1788).
77 Maria Antonia (right) as a student at the Colegio de las Monjas; photo 1957. Courtesy of Maria Antonia.
78 English porcelain plate found among remains consisting of the leg bones of a black male slave, dated 1788–1841; found during the Third Stage of Excavation in the playground of the old Colegio Amor de Dios, now the Manuel Ascunce Domenech School.
79 Detail of the English porcelain plate found in the excavation.

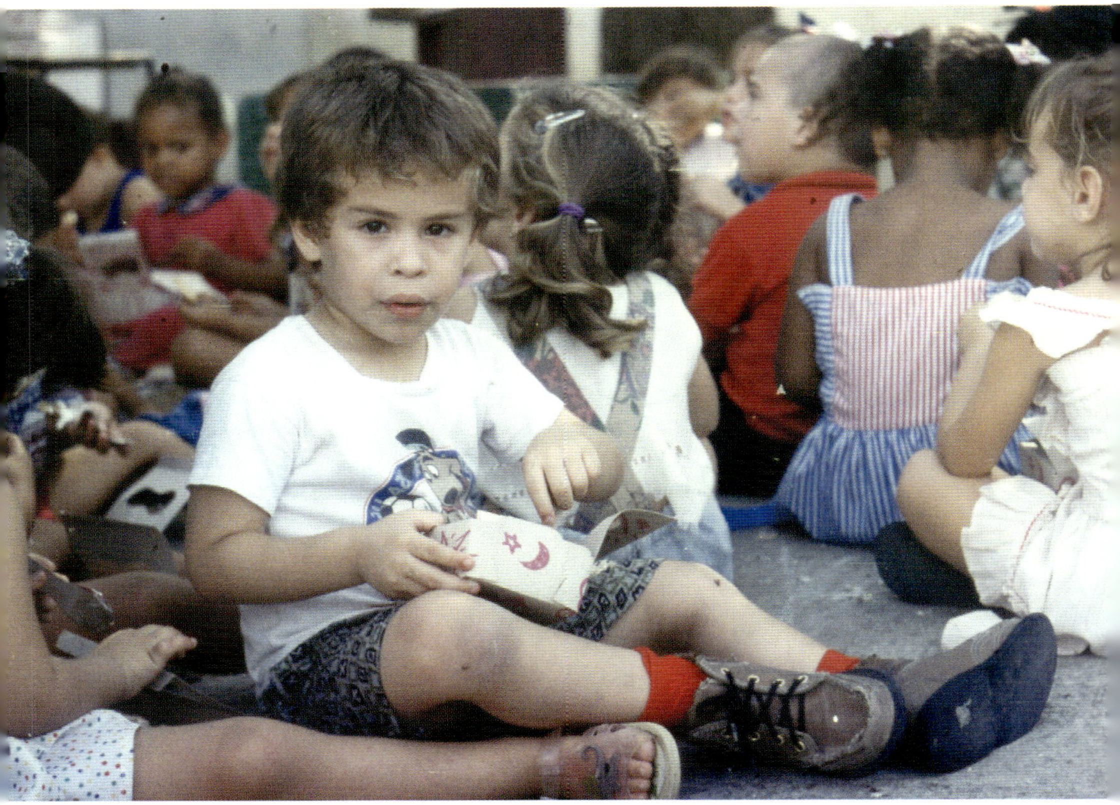

80

81

Episodio 16
RÉQUIEM

1er movimiento
(14:30 horas, 23/12/1962). Atraca en puerto habanero el barco African Pilot. Traía la primera parte de la indemnización a cambio de los prisioneros de Playa Girón. Alimentos para niños, equipos e instrumentales médicos y medicinas. La otra parte del trueque aterrizaba en doce aviones norteamericanos, con una misión más: transportar a los miembros de la Brigada 2506 de regreso a casa. Encarecida aura para iluminar las ¡PASCUAS DE LA DIGNIDAD!

2do movimiento
"No dejaba de llover […] pero nada impidió el develar aquel 13 de noviembre de 1963 –Año de la Organización– una foto de Conchita Mas Mederos, y dejar inscrito para siempre su nombre en esta casa cienfueguera convertida en círculo infantil". 189 niños –30 parvulitos, 55 párvulos y 104 preescolares compartidos en dos aulas, con una maestra para cada grupo– eran los nuevos moradores del recinto.

3er movimiento
"[T]enía diecinueve años de edad, su salud había empeorado tremendamente. No sé bien en qué parte de Cienfuegos se hallaba, hacía calor. Lo que sí sé es que se suicidó […] sí, se pegó un tiro. El 19 de julio de 1964. […] Sí, se llamaba Conchita, su familia vive por aquí cerca..." Me confirmó una señora el 27 de abril del año 2000, en aquella ciudad de porte francés.

Henry Eric.
V.O. La Habana 2002–Tallahassee 2003.
Para esta versión, Madrid 2006.

Episode 16
REQUIEM

1st Movement

(14:30 hours, 12/23/1962). The ship *African Pilot* docks in Havana. It was bringing the first part of the indemnification in exchange for the prisoners from Playa Girón: food for children, medical teams and equipment, and medicine. The other part of the exchange landed twelve American airplanes and had another mission: to transport the members of the 2506 Brigade back home. An aura of praise illuminating Christmas with dignity!

2nd Movement

The rain didn't stop [...] but nothing stopped the development, on that 13th of November in 1963—the year of its organization—of a photo of Conchita Mas Mederos, and her leaving her name inscribed forever in that house in Cienfuegos that had been converted into a children's daycare center. One hundred and eighty-nine children—30 infants, 55 toddlers, and 104 preschoolers sharing two classrooms, each group having a teacher—were the new residents of the space.

3rd Movement

"She was nineteen years old; her health had become much worse. I don't know where she was in Cienfuegos; it was hot. What I do know is that she committed suicide [...] she did indeed shoot herself. July 19, 1964. [...] Yes, her name was Conchita, her family lives around here [...]." A lady assured me of that on the 27th of April 2000 in that city of French airs.

Henry Eric.
Original Version Havana 2002–Tallahassee 2003.
This version, Madrid 2006.

82

IMÁGENES | **IMAGES**

80 Proceso de la intervención *¡A quitarse el antifaz!* realizada en el círculo infantil Conchita Mas Mederos.
81 Almacenamiento de las compotas canjeadas por los mercenarios prisioneros en Playa Girón. Recorte de prensa.
82 En el círculo infantil Conchita Mas Mederos, el pequeño Marlon muestra su regalo de cumpleaños.

80 Intervention *Taking the Mask off!* carried out in the Conchita Mas Mederos Daycare Center.
81 The storing of fruit preserves traded for mercenary prisoners on Girón Beach. Press clipping.
82 At the Conchita Mas Mederos Daycare Center, young Marlon displays his birthday gift.

Revancha

Revenge

Agradecimiento

Imágenes de archivo
Documentos personales de las familias implicadas en las Art. interventions. / Revistas Blanco y Negro, Ejército y Bohemias, periódicos La Marina y El Mundo; todo colección de mi abuela. / Documentos de archivo del Museo Municipal de San José de las Lajas, La Habana.

Bibliografía
Diálogos con habitantes de los sitios donde realicé las intervenciones, participantes o herederos de historias por transmisión familiar; actualmente residentes en La Habana, San José de las Lajas, Cienfuegos, Tampa y Miami. / Barcia Zequeira, Ma. Del Carmen: *Una sociedad en crisis: La Habana finales del siglo XIX*, Ciencias Sociales, La Habana, 2000. / Díaz Castañón, María del Pilar: *Ideología y Revolución. Cuba 1959-1962*. S/R. / Emeterio S. Santovenia: *Un día como hoy*, Editorial Trópico, La Habana, 1946. / Entrevistas y consultas a Jorge Garcell. Arqueólogo, Historiador, Arquitecto. / Ferrer, Ada: "Raza, religión y género en la Cuba rebelde: Quintín Banderas y la cuestión del liderazgo político" en *Espacios, silencio y los sentidos de la libertad. Cuba entre 1878 y 1912*, Ed. Unión, La Habana, 2001. / Guerra y Sánchez, Ramiro: *Manual de Historia de Cuba, desde su descubrimiento hasta 1868*, La Habana, 1971. / Le Riverend, Julio: *La República, dependencia y revolución*, Editora Universitaria, La Habana, 1966. / Moreno Fraginals, Manuel: *Cuba/España. España/Cuba. Historia común*. S/R. / Pérez Guzmán, Francisco: *Herida profunda*, Colección Clío, La Habana, 1998. / Pichardo, Hortensia: *Documentos para la Historia de Cuba*, Editorial de Ciencias Sociales, La Habana, 1973. / Revistas "Blanco y Negro" España, recortes entre 1897-1901.

Agradezco especialmente a los colaboradores que me dieron la oportunidad de utilizar sus valiosos documentos de archivo y testimonios, para esta edición:
A las familias implicadas en las obras de intervención y personas entrevistadas en Ciudad Habana, Provincia Habana, Cienfuegos, Tampa y Miami; sus documentos personales. / A mi abuela Zoila (Ö 2000) los recortes de prensa - Revista Blanco y Negro, Revista Ejército, Revista Bohemia, periódicos La Marina y El Mundo; datados entre 1900-1961 -. / A mi abuelo Miguel las Marquillas de Tabacos. / A Jorge Garcel (arqueólogo e investigador), varios documentos de archivo. / Al Museo Municipal de San José de Las Lajas y sus especialistas (entre 2001-2002), varios documentos de archivo.

Gracias a
Alberto Alfonso, Cynthia Hollis, Carmen Doncel, John Simon Guggenheim Memorial Foundation, Kevin Power, Mailyn Machado (Primera edición del texto en español), Neili Fernández, Pilar Perez, Viggo Mortensen, Teresita Hernández (Primer diseño)

Colaboradores en los proyectos de art interventions realizados entre 1999/2002
Ana Mercedes Urrutia, Alina Pérez, Equipo Técnico del Museo Municipal de San José de las Lajas, Elier Espina, Jorge Garcel (arqueólogo, historiador e investigador), Liset Roura (arqueóloga), Leslie Sinclair.

Integrantes de Producciones Doboch entre 1999/2006
Abel Oliva, Dull Janiell, Eros Quintas, Giselle Gómez, Henry Eric, Iván Rodríguez, Wilfredo Toledo (Koki)

Autor
Henry Eric.
V.O. La Habana 2002-Tallahassee 2003.
Para esta versión, Madrid 2006.

Prólogo
Kevin Power

Acknowledgments

Images from the archives
Personal documents from the families implicated in the intervention. Periodicals *Blanco y Negro, Ejército,* and *Bohemia*; newspapers *La Marina* and *El Mundo,* all from my grandmother's collection./ Documents from the archives of the Museo Municipal de San José de las Lajas, Havana.

Bibliography
Dialogues that I had with the inhabitants of the places where I investigated, participants or inheritors of orally transmitted family history who are now residents of Havana, San José de las Lajas, Cienfuegos, Tampa, and Miami. / Barcia Zequeira, Maria Del Carmen. *Una sociedad en crisis: La Habana finales del siglo XIX*. *Ciencias Sociales*. Havana. 2000. / Díaz Castañón, Maria del Pilar. *Ideología y Revolución. Cuba. 1959-1962* S/R. / Santovenia, Emeterio S. : *Un día como hoy.* Havana: Editorial Trópico, 1946./ Interviews and consultation with Jorge Garcell, archaeologist, historian, architect./ Ferrer, Ada. "Raza, religión y género en la Cuba rebelde: Quintín Banderas y la cuestión del liderazgo político" in *Espacios, silencio y los sentidos de la libertad. Cuba entre 1878 y 1912.* Ed. Unión. Havana. 2001./ Guerra y Sanchez, Ramiro. *Manual de Historia de Cuba, desde su descubrimiento hasta 1868.* Havana. 1971./ Le Riverend, Julio. *La República,dependencia y revolución. Editora Universitaria.* Havana. 1966./ Moreno Fraginals, Manuel. *Cuba/España. España/Cuba. Historia común.* S/R./ Pérez Guzmán, Francisco. *Herida profunda.* Colección Clío. Havana. 1998./ Pichardo, Hortensia. *Documentos para la Historia de Cuba.* Editorial from *Ciencias Sociales.* Havana. 1973./ *Blanco y Negro* (Spain), clippings from 1897–1901.

Special thanks go to the collaborators who gave me the opportunity to use their valuable documents from the archive and testimonies in this present edition.
Thanks to the families implicated in the carrying out of the interventions and to the people interviewed in Ciudad Havana (Province of Havana), Cienfuegos, Tampa, and Miami (their personal documents). / To my grandmother Zoila (Ö 2000) for the newspaper's clippings (Periodicals *Blanco y Negro, El Ejército,* and *Bohemia;* Newspapers *La Marina* and *El Mundo* (1900–1961). / To my grandfather Miguel the "Marquillas de Tabacos." / To Jorge Garcel (archaeologist and investigator) for several documents from the archive. /To the Museo Municipal de San José de las Lajas and its specialists (2001-2002) for several documents from the archive.

Thanks to
Alberto Alfonso, Cynthia Hollis, Carmen Doncel, John Simon Guggenheim Memorial Foundation, Kevin Power, Mailyn Machado (1st edition in Spanish), Nieli Fernández, Pilar Perez, Viggo Mortensen, Teresita Hernández (original design).

Collaborators on the art intervention projects carried out between 1999 and 2002
Ana Mercedes Urrutia, Alina Pérez, the technical team from the Museo Municipal de San José de las Lajas, Elier Espina, Jorge Garcel (archaeologist, historian, and investigator), Liset Roura (archaeologist), Leslie Sinclair.

Members of Producciones Doboch between 1999/2006
Abel Oliva, Dull Janiell, Eros Quintas, Giselle Gómez, Henry Eric, Iván Rodríguez, Wilfredo Toledo (Koki).

Author
Henry Eric
Original Version, Havana 2002–Tallahassee 2003
This version, Madrid 2006.

Prologue
Kevin Power